Nastasia Saby

La IA del mito a la realidad

ISBN: 978-2-409-04995-8
Edición original: 978-2-409-04622-3

Ediciones ENI
P° Ferrocarriles Catalanes, 97-117, 2a pl. of. 18
08940 - Cornellà de Llobregat (Barcelona)

Tel: 934 246 401
Fax: 934 231 576

e-mail: info@ediciones-eni.com
http://www.ediciones-eni.com

Autor: Nastasia Saby
Edición española: Silvia Díaz López
Colección **Ofimática Profesional** dirigida por Corinne Hervo

ChatGPT es brujería. La inteligencia artificial (IA) nos va a erradicar a todos, empezando por el mundo laboral. ¿Lo hará? No estoy tan seguro. De hecho, como siempre, la respuesta se encuentra en algún punto intermedio. Es difícil no darse cuenta del auge de las llamadas aplicaciones "inteligentes" en los últimos años. Entonces, ¿se quedarán obsoletos nuestros trabajos? ¿Seremos todos sustituidos por programas superinteligentes que nos enseñarán cómo vivir y tal vez incluso tomarán el control de nuestro planeta? O, en un escenario más optimista, ¿tendremos por fin algo de tiempo para nosotros mismos gracias a máquinas esclavas que harán el trabajo sucio por nosotros?

En este libro, la idea es ir más allá de nuestras propias teorías sobre esta tecnología tan de moda. De este modo, podremos comprender mejor las repercusiones económicas y sociales de la IA y los riesgos para el mundo laboral. Entonces podremos hablar de los retos a los que se enfrenta la IA. Porque los hay, y no son pocos.

Acompañaremos a Soraya, una joven bibliotecaria que se ve obligada a superar sus prejuicios sobre la IA para comprender mejor este campo. Junto a esta breve historia, otras explicaciones ilustrarán sus descubrimientos.

En la primera parte analizaremos qué es la IA. Antes de examinar las fuerzas motrices de esta disciplina, definiremos y aclararemos qué es la inteligencia artificial. Esto nos permitirá conocer la diversidad de la IA, su historia y su potencial.

A continuación, levantaremos el velo sobre la IA y profundizaremos en su construcción para comprender que no tiene nada de mágico. Esta inmersión nos dará una mejor idea de los límites del campo que estamos estudiando.

Con este conocimiento y dejando atrás muchos de nuestros prejuicios, podremos evaluar el impacto de la IA en nuestras profesiones y en el trabajo en general.

Por último, analizaremos los retos a los que debe enfrentarse la IA para integrarse en nuestras sociedades. No están donde podríamos pensar a primera vista. Por eso, debemos deshacernos de nuestras quimeras. Así podremos entender lo que implica el auge de la IA, ya que, como cualquier tecnología emergente, trae consigo oportunidades, desafíos y riesgos. Dado lo complejo que es este campo, no resulta fácil identificar los problemas clave. Sin embargo, en este libro intentaremos hacerlo, respondiendo a preguntas como: ¿en qué consiste la IA? ¿Nos quitará el trabajo?

Abordaremos el problema recurriendo a acontecimientos de actualidad, material periodístico, informes de proyectos, así como a fuentes históricas y científicas. Todo ello se analizará a través de un prisma técnico.

Introducción

Parte 1 - La IA, ¿de qué estamos hablando?

Capítulo 1-1
IA en todas partes: ¿qué es la inteligencia artificial?

Capítulo 1-2
El auge y la historia de la IA: ¿de dónde viene esta tecnología?

Capítulo 1-3
Las promesas de la IA: ¿qué se puede esperar de ella?

Parte 2 - La construcción de las IA desde la perspectiva de los desarrolladores y desarrolladoras

Capítulo 2-1
La IA donde convergen la informática y las matemáticas: ¿qué la compone?

Capítulo 2-2
Enfoque en la informática: ¿cómo programar una IA?

Parte 3 - Impacto de la IA en los empleos: entre sueños, pesadillas y decepciones

Capítulo 3-1

El fin del trabajo con las IA: ¿sueño o pesadilla?

Capítulo 3-2

Empleos en riesgo y nuevas oportunidades

Capítulo 3-3

La aparición de los anotadores: un nuevo rol esencial para la IA

Capítulo 4-3

La IA frente al problema medioambiental: ¿cómo encaja en la ecuación?

Parte 1 - La IA, ¿de qué estamos hablando?

Capítulo 1-1
IA en todas partes: ¿qué es la inteligencia artificial?

A. La historia de Soraya y la IA

El silencio reinaba en la pequeña biblioteca. Soraya colocó una vieja versión de Frankenstein o el moderno Prometeo, de Mary Shelley, en un estante y dejó escapar un leve suspiro. Le encantaba trabajar en esta biblioteca.

Caminó a paso ligero hasta la sala de profesores y se plantó delante de Christophe, su superior.

— Como sabes, este es mi cuarto contrato temporal.Nunca sé si me renovarán. Te confieso que no es una situación satisfactoria. ¿Cuándo tienes pensado hacerme fija?

Soraya se detuvo y buscó en el rostro de Christophe una respuesta a su pregunta.Él se acariciósu imponente barba.

— La decisión no depende sólo de mí. Si haces bien tu trabajo, creo que podremos llegar a un acuerdo.

Como un junco que se dobla y vuelve a su posición original, Soraya protestó con voz tranquila:

— No puedo esperar más.

— Escucha, el Ayuntamiento y yo vamos a lanzar un gran proyecto. Si puedes participar y hacerlo brillantemente,ya no habrá forma de negarte nada.

— ¿De qué se trata?

Con un guiño, Christophe explicó:

— Prefiero contártelo mañana.

Un calor relajó los tensos músculos de Soraya. El anuncio de Christophetenía un carácter novedosoque la complació. Soraya se levantó la manga del chaleco para mirar su reloj conectado. El regalo de sus padres de las pasadas Navidades brillaba en la penumbra. Mostraba la hora y un mensaje de su amigo Nico. Por reflejo, lo leyó:

"Entonces, ¿has probado mi generador de historias?"

Avergonzada por haber consultado sus mensajes personales durante el horario laboral, pulsó el botón del borde derecho y bloqueó el objeto con sus mil y una funciones.

Una vez en casa, y ante la preocupación por su futuro profesional, Soraya decidió ver una serie.

Sus dedos rozaron el metal frío del portátil, que encendió rápidamente. Enunos pocos clics,entró a Netflix y dejó que desfilara el contenido: **Seleccionado para ti, Tendencias actuales, Películas**, *etc. El orden de las categorías difería del de la televisión de su madre, a la que había visitado el día anterior.Incluso los programas eran distintos. La empresa, conocida por personalizar la experiencia de los usuarios, debía de estar detrás de este fenómeno. Soraya imaginó un dron pegado a su ventana, espiándola.*

¿Qué parte de ella estaba siendo observada para que Netflix lograra ofrecerle contenido que encajara tan bien con sus gustos? ¿Qué precio había que pagar para encontrarlas recomendaciones que realmente le interesaban?

Encogiéndose de hombros, hizo clic en la miniatura **de Orange is the New Black**. *Una mujer estaba tumbada en la ducha.La sonrisa demasiado brillante de la actriz puso tensa a Soraya. ¿Un anuncio?*

¡Exacto! La voz seductora de un locutor describía los beneficios del nuevo champú de Garnier, especial para **rizos bien definidos**. *Soraya lamentó no haber elegido la opción Premium, que le habríapermitido acceder directamentea su serie. Aun así, esperó un poco más, pero la historia nologró engancharla Frustrada, comenzó a teclear en su móvil,y dejó el programacomo ruido de fondo.*

Cogió una de las fotos que había hecho aquel invierno en la pequeña estación de esquí de fondo cercana. Las colinas brillaban con la luz del sol por encima de la bruma algodonosa. Por desgracia, los pocos extraños que había al principio de las rutas de senderismo estropearon la toma. Soraya hizo clic en Editar y luego en Borrador mágico. *La aplicación rodeó a los intrusos con un aura blanca. Soraya eligió entonces la opción* Borrar. *¡Boom! El paisaje monocromático quedó desértico.Orgullosa,lo compartió en Instagram.Su corazón se encogió, no obstante, al darse cuenta de que, sin una situación laboral más estable, sería difícil planear sus próximas vacaciones en la nieve o en laplaya.*

Detuvo con un toque la escena de su serie.Luego, en su teléfono, buscó su aplicación de ajedrez favorita. EligióJugar contra el ordenador y el nivel Intermedio. Al principio, la partida transcurrió sin problemas,brindándole un poco de calma.Pero todo se desmoronó rápidamente:perdió su caballo, su pieza favorita, ypoco despuéssu reina. Enunos pocos movimientos, la máquina le dio jaque mate.Definitivamente, todo parecía conspirarcontra ella. Con el cuerpo cansado y la menteagotada, Soraya se fue a la cama. Era hora de cerrar la puerta a las preocupaciones cotidianas.

B. Diversidad de las IA

1. Herramientas del día a día

Las inteligencias artificiales no nacieron con ChatGPT. De hecho, como veremos en un capítulo posterior, se han producido varias revoluciones en este campo. No es la primera vez que un software genera admiración entre las personas, y probablemente no será la última.

La inteligencia artificial es conocida por los expertos en la materia desde hace muchos años. De vez en cuando, salta a la palestra pública a bombo y platillo. Sin embargo, ya convivimos con estas tecnologías y las utilizamos, muchas veces, sin ser plenamente de ello.

Las IA, como les llama comúnmente, se han infiltrado en casi todos los aspectos de nuestra vida diaria.

2. Un recorrido por estas herramientas

Hagamos un repaso de las que ha utilizado Soraya. Primero, mira la hora y revisa sus mensajes en su reloj inteligente. Aunque esto hoy ya no nos impresione, hubo un tiempo en que este tipo de programas se consideraban revolucionarios y no dudábamos en calificarlos como "inteligentes". Por ejemplo, llamamos "smartphones" a nuestros teléfonos desde mucho antes de que incluyeran aplicaciones que hoy se reconocen como parte de la inteligencia artificial. Aunque Soraya no utiliza ninguna opción compleja, como dictar un recordatorio oralmente a su reloj, es muy probable que el modelo que lleva en la muñeca incluya alguna forma de IA. Estos dispositivos funcionan con sistemas operativos móviles que se parecen cada vez más a los de los smartphones.

Al llegar a casa, Soraya enciende Netflix y se encuentra con los llamados "motores de recomendación". En las plataformas de streaming, hay muchos. Su objetivo es ofrecer contenido personalizado. Este tipo de software, basado en inteligencia artificial, está presente en todas partes. Aquí lo vemos aplicado a vídeos, pero también está presente en aplicaciones de música o en plataformas de comercio electrónico. En general, se incluyen en sitios en los que puede ser difícil encontrar información relevante. Gracias a este sistema, Soraya elige *Orange is the New Black*.

Sin embargo, estas herramientas no son infalibles. La serie recomendada aburre a Soraya, quien recurre a su teléfono para, sin saberlo, utilizar otro tipo de inteligencia artificial. Le pide al software que identifique a las personas que aparecen en las fotos de sus vacaciones. La función "Borrador mágico" permite a Soraya ampliar sus capacidades. Ya no necesita pasar horas con Adobe Photoshop. En pocos segundos, obtiene imágenes limpias que puede compartir en redes sociales. Puede que este no sea el uso más importante de la IA, pues no salva vidas, pero es muy útil. Permite obtener mejores fotos a personas sin conocimientos de diseño gráfico. Hace algún tiempo, Soraya se habría tenido que conformar con sus fotos originales o habría tenido que contratar a un profesional.

Finalmente, Soraya empieza una partida de ajedrez contra el ordenador. Esta práctica ya no sorprende tanto, pero hubo un tiempo en que acaparó titulares. El ajedrez es un juego de estrategia conocido por su complejidad: requiere aprender reglas, dominarlas y combinar técnicas para alcanzar un objetivo. Hoy en día, disponemos de aplicaciones capaces de realizar estas hazañas. Como veremos más adelante, no tiene nada de mágico y, una vez que se entiende el sistema, el resultado parece lógico.

3. Entre modernidad y tradición

Hemos repasado todas las IA que Soraya utilizó durante una parte del día. En total, son unas cuantas. Con estos ejemplos, espero que te des cuenta de que tú también te encuentras en la misma situación. Las IA no son un fenómeno nuevo. Ya las utilizamos a diario. A veces no nos damos cuenta, pero estos programas informáticos han echado raíces en nuestro entorno. Cabe destacar que Soraya no es una apasionada de la tecnología. Es más bien alguien que utiliza la informática de manera moderada. Como ella, cada vez somos más los que utilizamos estas herramientas aunque no tengamos especial interés por la tecnología. Objetos más o menos modernos, desde libros antiguos hasta smartphones, forman parte de nuestra vida diaria.

En conclusión, la IA ha pasado a formar parte de nuestra vida cotidiana. Ahora que hemos visto su diversidad, intentemos definir claramente este fenómeno.

C. Definiciones de la IA

1. La dificultad de definir la IA

Definir la inteligencia artificial no es tarea fácil, tanto es así que algunas personas, como Luc Julia, cocreador de Siri, han llegado a afirmar que no existe. El término engloba un concepto cambiante. Por ejemplo, Jean-Philippe Desbiolles, autor de *La IA será lo que tú hagas de ella*, propone hablar de "sistemas de aprendizaje". Sin embargo, esta definición está anclada en su época. Aunque, como veremos, la mayoría de los expertos construyen aplicaciones inteligentes utilizando estos "sistemas de aprendizaje", esto no siempre fue así y es probable que las cosas cambien en el futuro

En lugar de buscar una definición única, lo cual sería arriesgado, exploraremos algunas de ellas. Comencemos con la más común, la de Wikipedia, que a su vez proviene del Larousse: "Conjunto de teorías y técnicas empleadas para crear máquinas capaces de simular la inteligencia humana". Hay varios aspectos en esta frase que merecen ser analizados. Primero, la IA se presenta como un conjunto de teorías y técnicas, lo que implica tanto métodos concretos y aplicables como conceptos más abstractos que aún están por desarrollar. Además, el término "artificial" señala que la IA está relacionada inevitablemente con máquinas. Por último, se menciona "simular la inteligencia humana". Pero entonces, surge la pregunta: ¿qué entendemos exactamente por "inteligencia"? Como esta palabra es aún más escurridiza que el propio concepto de IA, para comprenderla mejor, nos centraremos en los programas que usamos a diario y lo que ya son capaces de hacer.

2. Un repaso a las capacidades de la IA para entenderlas mejor

Hoy en día, y desde hace mucho tiempo, se reconoce que los expertos buscan replicar capacidades cognitivas biológicas. De hecho, nuestras IA pueden leer y detectar los temas subyacentes de un documento. Por ejemplo, se les puede proporcionar un artículo de prensa, y son capaces de identificar los temas tratados. También pueden generar contenido escrito, como demuestra ChatGPT. Estas dos habilidades (leer y escribir) forman parte de los subcampos de la IA conocidos como "procesamiento del lenguaje natural" y "generación automática de texto". Además, las IA pueden interpretar discursos orales, transcribirlos o traducirlos; esto se denomina "reconocimiento automático del habla". También cuentan con habilidades visuales: por ejemplo, la aplicación de Soraya puede identificar personas en en las fotografías. Incluso pueden parecer capaces de experimentar sentimientos, ya que son capaces de detectar emociones. A partir de una frase o un vídeo, pueden deducir el estado de ánimo de las personas que los crearon o aparecen en ellos.

Al revisar estas capacidades, vemos cómo las IA simulan la inteligencia humana a través de diferentes sentidos que nosotros mismos poseemos. Podríamos ir más allá y mencionar que las IA también pueden predecir (como el clima), tomar decisiones (como en el ajedrez) y crear (como al retocar imágenes).

3. La IA y la ficción

El Larousse añade: "Con la inteligencia artificial, el ser humano se acerca a uno de sus sueños prometeicos más ambiciosos: crear máquinas dotadas de una 'mente' similar a la suya". Cuando hablamos de IA, rápidamente vienen a nuestra mente imágenes de robots y ciudades metálicas, escenarios muy presentes en las obras de ficción.

Detengámonos en el mito de Prometeo, procedente de la mitología griega. Este semidiós robó el fuego del Olimpo para entregárselo a los humanos, superando así su propia condición, algo similar a lo que intentamos al crear seres artificiales. Con la IA, desafiamos a los dioses, convirtiéndonos en creadores. Este mito lleva mucho tiempo presente en los libros; un ejemplo es la novela *La Eva futura* del autor francés Auguste Villiers de L'Isle-Adam, publicado en 1886, en la que Thomas Edison crea una mujer perfecta: un androide sumiso. Independientemente del carácter sexista de la historia, este relato marcó un hito al popularizar la palabra "androide".

Soraya desliza su dedo por una vieja edición de *Frankenstein o el moderno Prometeo* de Mary Shelley, otra obra que alimentó nuestros sueños sobre la creación artificial. Más cerca de nosotros, en el cine, podemos pensar en *2001: Una odisea del espacio* o *Blade Runner*. Con estas obras, el concepto de IA se amplía. Sin embargo, la diferencia entre los personajes ficticios y las aplicaciones que usamos es evidente. Por eso distinguimos dos tipos de IA: la fuerte y la débil.

4. IA fuerte e IA débil

La IA fuerte, también llamada general, no existe. Es un ideal teórico. HAL, el ordenador de *2001: Una odisea del espacio*, es un ejemplo de este tipo. Es un personaje que parece pensar, guía a una tripulación hacia Júpiter, se convierte en su enemigo y admite sentir miedo. Aunque muchos expertos investigan este concepto, ningún sistema actual es lo suficientemente completo como para ser considerado una IA fuerte. Por ahora, este tipo de IA pertenece al ámbito de la creación artística.

El test de Turing, desarrollado por Alan Turing en 1950, es uno de los hitos en este campo. Propone que, si una persona no puede distinguir entre un ordenador y un ser humano en una conversación, entonces la máquina puede considerarse inteligente. A pesar de las afirmaciones ocasionales de haber superado este test, estas suelen ser objeto de controversia .

Por otro lado, la IA débil o especializada sí es tangible y está presente en nuestra vida diaria. Se trata de software diseñado para ejecutar comportamientos específicos que imitan una o varias capacidades cognitivas humanas, sin pretender abarcarlas todas. Por ejemplo, una aplicación de reconocimiento de voz se centra en transcribir palabras habladas, pero no puede, al mismo tiempo, conducir un coche. Estas aplicaciones, aunque limitadas, son muy útiles.

5. El término "inteligencia artificial"

Finalicemos este recorrido por las definiciones de la inteligencia artificial con la que dio John McCarthy, el creador del término en 1956: "Es la ciencia e ingeniería de crear máquinas inteligentes, especialmente programas informáticos inteligentes. Está relacionada con la tarea de utilizar ordenadores para comprender la inteligencia humana, pero la IA no debe limitarse a los métodos que son observables biológicamente".

En esta definición encontramos muchos de los elementos que ya hemos mencionado, pero centrémonos en los aspectos nuevos que introduce. Uno de ellos es que la IA combina disciplinas científicas y de ingeniería, con la informática como base principal.

Lo más destacable es la idea de que para imitar un comportamiento no es necesario limitarse a métodos observables biológicamente. Un buen ejemplo de esto es el avión: aunque permite a los humanos volar como lo hacen las aves, no lo hace imitando el movimiento de sus alas. Es cierto que inicialmente se intentó replicar este movimiento, pero los resultados no fueron los esperados. Hoy en día, los aviones vuelan gracias a métodos completamente diferentes.

En el caso de la inteligencia artificial ocurre algo similar: que una aplicación sea capaz de jugar al ajedrez no significa que su proceso para alcanzar ese objetivo sea similar a las conexiones biológicas que realiza un cerebro humano. Lo importante no es cómo se consigue, sino lograr la capacidad deseada, aunque el método sea completamente distinto de lo que ocurre de forma natural.

Después de este recorrido por las definiciones de la inteligencia artificial, podemos concluir que este amplio campo busca emular las facultades cognitivas humanas y engloba múltiples acepciones en las que se entremezclan realidad, ideales y fantasías.

D. La relación entre la IA y la informática

1. La preponderancia de la informática en la IA

Como hemos visto en las definiciones anteriores, existe un vínculo muy estrecho entre la IA y la informática.

Para empezar, es importante señalar que, aunque hoy en día los investigadores se centran en la informática, este no es el único campo que ha permitido ni permitirá avances en la IA. Por ejemplo, el mito de Frankenstein se basaba en los conocimientos científicos de su época, que imaginaban la creación de un ser a partir de un conglomerado de carne muerta y electricidad. Por su parte, el pato autómata de Jacques de Vaucanson, presentado en 1738, estaba basado en principios mecánicos. Cabe destacar que este autómata no buscaba replicar facultades humanas, sino animales. Esto demuestra que el concepto de inteligencia artificial ha evolucionado enormemente a lo largo del tiempo.

2. Los sistemas expertos

Desde hace décadas, no podemos pensar en la IA sin relacionarla con la informática. Dentro de esta disciplina, dos enfoques principales han sido clave para los avances en este ámbito: los sistemas expertos y los sistemas de aprendizaje.

Los sistemas expertos tienen como objetivo crear programas informáticos que, basándose en un conjunto completo de reglas y datos, puedan resolver problemas específicos. Un ejemplo clásico son los programas diseñados para jugar al ajedrez. Estos sistemas razonan a partir de hechos y reglas para determinar la mejor decisión en cada situación.

Por ejemplo, las reglas de un sistema experto de ajedrez podrían ser:

Si el alfil negro bloquea el paso de la dama blanca y esta no está amenazada en el siguiente turno, entonces la dama blanca avanza y captura al alfil negro.

Estos sistemas se programan explícitamente para reaccionar ante situaciones específicas. Una vez que el software detecta un escenario descrito por las reglas, actúa de acuerdo con lo estipulado.

3. Sistemas de aprendizaje

Si Soraya quisiera jugar una partida de Go contra una máquina, esta no sería un sistema experto, sino un sistema de aprendizaje. Aunque los sistemas expertos son capaces de resolver numerosos problemas, tienen sus limitaciones. Al estar basados en reglas predefinidas, necesitan que estas sean conocidas en su totalidad y que no se omita ninguna para obtener un resultado correcto.

En el caso de un juego como el ajedrez, el software debe ser capaz de anticipar todos los movimientos posibles y sus consecuencias inmediatas y futuras. El ajedrez es un juego de estrategia complejo. Sin embargo, existen situaciones aún más desafiantes en las que prever todas las posibles eventualidades se convierte en un verdadero rompecabezas. Este es el caso del Go, un juego entre dos oponentes cuyo objetivo es controlar el tablero formando lo que se denominan "territorios". Las reglas del Go son sutiles, y las jugadas son difíciles de predecir.

Desde hace varios años, los sistemas de aprendizaje han superado a los sistemas expertos en muchos ámbitos. Nos encontramos ante un nuevo tipo de programación: pasamos de una programación determinista a una programación probabilística. En este enfoque, la máquina ya no ejecuta de forma explícita las órdenes que se le dan, sino que infiere el comportamiento adecuado basándose en un conjunto de ejemplos.

En lugar de aplicar reglas predefinidas como las vistas en el caso del ajedrez, un sistema de aprendizaje analiza numerosas partidas y extrae sus propias conclusiones para aplicarlas a las situaciones que enfrenta. Por ejemplo, en un juego de Go, los datos de aprendizaje podrían ser:

Cuando dos piedras negras están en "atari", las blancas ganan la partida.

Cuando un grupo de piedras negras tiene "dos ojos", las negras ganan la partida.

El conjunto de información proporcionado a la máquina es enorme. A partir de estos datos, el software genera probabilidades, como:

Cuando dos piedras negras están en "atari", las blancas ganan el 90% de las veces.

Cuando el sistema se encuentra ante una situación específica, utiliza lo que ha aprendido para tomar la mejor decisión posible. Este principio se conoce como "aprendizaje automático" y es el núcleo de muchas de las aplicaciones inteligentes que usamos a diario. A menudo también se lo denomina "machine learning", que es el término en inglés.

El aprendizaje automático es una forma de inteligencia artificial. Al igual que esta, existen diferentes definiciones del concepto, aunque es menos ambiguo y abstracto. En resumen, consiste en basarse en teorías matemáticas y estadísticas para extraer información de un conjunto de datos y reutilizarla en otros contextos. El objetivo es construir un modelo que represente la realidad y que pueda ser explotado nuevamente en el futuro.

Ya sea mediante sistemas expertos o sistemas de aprendizaje, la informática está en el núcleo de la inteligencia artificial actual.

E. En pocas palabras

Hoy en día, estamos más que acostumbrados a usar inteligencia artificial en nuestra vida cotidiana. Está presente en nuestros teléfonos móviles, ordenadores, relojes inteligentes y televisores.

- Definir con precisión qué es la IA no es fácil, ya que el término ha cambiado con el tiempo y sigue evolucionando. En términos simples, podemos decir que se trata de usar máquinas para reproducir resultados similares a los que logramos con nuestra inteligencia.
- Las aplicaciones que hoy consideramos "inteligentes" dependen en gran medida de la informática, el área donde actualmente se concentran la investigación y las innovaciones.
- Muchas de estas aplicaciones emplean el aprendizaje automático, un concepto que permite que un ordenador genere comportamientos sin necesidad de instrucciones explícitas.

Con este capítulo, hemos comprendido mejor el amplio campo de la inteligencia artificial y cómo los programas inteligentes forman parte de nuestra vida cotidiana. Pero, ¿de dónde proviene realmente la IA? Continuemos con la historia de Soraya y su descubrimiento de este fascinante mundo.

Capítulo 1-2
El auge y la historia de la IA: ¿de dónde viene esta tecnología?

A. La historia de Soraya y la IA

La noche apenas había empezado para Soraya cuando se despertó sobresaltada:¡Nico! Cogió su teléfono yvolvió a leerla nota enviada por su amigo: "Entonces, ¿has probado mi generador de historias?".

Nico llevaba días dándole la lata con la aplicación que su empresa había desarrollado recientemente. Le aseguró: "Como bibliotecaria, tu opinión es una de las más relevantes que podríamos tener".

No importaba, Soraya apartó el pesado edredón que la envolvía y encendió el ordenador. Tras un suspiro, hizo clic en el enlace enviado por Nico y se encontró ante una interfaz quedecía: "Regístrate para una experiencia personalizada".

Soraya extendió sus dedos aún dormidos sobre el teclado y seregistró.

El software desenrolló una introducción con letra fina y dentada: "Hola, soy Smooky. ¿Qué te gustaría leer hoy?"

Soraya se devanaba los sesos. Por lo que ella sabía, la aplicación de Nico contenía alguna forma de inteligencia artificial. Más concretamente, había utilizado el término "IA" con un dudoso acento inglés. Soraya sabía que su amigo era "desarrollador", pero no terminaba de entender bien en qué consistía su trabajoEn el campo proporcionado, Soraya escribió: "Genérame una historia con IA".

Poco a poco, las cartas se fueron sucediendo hasta que su contenido se hizo cada vez más coherente y cada vez más... aterrador:

"Érase una vez, en una bibliotecamodesta, una empleada llamada Soraya. Un día, entró una hermosa mujer a la que nunca había visto."

— Hola, estoy buscando al director.

Soraya percibió que el tono de voz era demasiado monótono para pertenecer a un humano real. Asustada, tartamudeó:

— ¿Tú... eres?

— Me han descubierto respondió la desconocida. Soy una IA y he venido a solicitar el puesto de responsablede la secciónjuvenil.

Un escalofrío recorrió la espalda de Soraya.

El mismo escalofrío recorrió la espalda de Soraya. ¿Cómo podía la aplicación haber recopilado tanta información sobre su perfil?

El contenido era asombrosamente personalizado.

La pantalla frente a Soraya preguntaba: "¿Te ha gustado la historia?" Dos imágenes acompañaban la descarada pregunta: un pulgar hacia abajo y otro hacia arriba. Soraya eligió la primera.

Frunció el ceño cuando un relámpago pasó por su mente.¡Vaya con Nico!¡Había conseguido engañarla por completo!"Bonito engaño". Ese fue el mensaje que le envió antes de volverse a acostar.

B. Breve historia de la IA

1. Historias diferentes

En el extracto, Soraya se enfrenta a dos IA. La primera es la aplicación de su amigo Nico basada en este concepto, cuyos entresijos desconoce. La IA es un generador de textos similar a ChatGPT, pero con la capacidad adicional de generar historias personalizadas. Soraya, que no sabe nada de IAs, pidió una narración sobre este tema. Quedó asombrada al descubrir la historia de una máquina con apariencia femenina que incluso podía convertirse en su compañera de trabajo. Esta es la segunda IA con la que se encuentra Soraya. El tipo de enunciado que ella lee lleva siglos corriendo por boca de científicos y poetas, a veces demasiado entusiastas. Por eso, sumergirnos en un poco de historia a la vez científica y literaria arrojará más luz sobre las aplicaciones que encontramos en nuestra vida cotidiana.

A primera vista, se podría argumentar que la realidad no tiene nada que ver con lo que ocurre en las obras creativas. Sin embargo, eso sería olvidar, por ejemplo, que el término "robot" tiene su origen en el escritor Karel Čapek. La primera aparición del término proviene de la obra de teatro *R.U.R.* (*Robots Universales Rossum*), estrenada en 1920. Karel Čapek explica con más precisión que fue su hermano Josef Čapek quien inventó la palabra. Karel Čapek se limitó a introducirla en la literatura. En aquella época, "robot" se refería a máquinas de aspecto humano que se rebelaban y tomaban el poder.

Además, en el campo de la inteligencia artificial, se pueden identificar al menos dos líneas de tiempo: la que transcurre desde que la expresión existe oficialmente y la que arranca desde el nacimiento del concepto.

2. Cronología

Más allá del término "inteligencia artificial", vamos a centrarnos en el concepto en sí y a repasar cronológicamente los acontecimientos clave que lo rodearon. Poco a poco, llegaremos al momento en que nació la expresión "inteligencia artificial". Completaremos este recorrido con ejemplos tomados de la ficción para destacar lo que aportan al mundo real.

En una de las primeras epopeyas que conocemos, *la Ilíada* de Homero, ya se mencionan seres artificiales. El dios Hefesto crea trípodes que viajan solos hacia y desde el Olimpo. Y lo que es aún más interesante, Hefesto crea mujeres. Como se puede ver en este extracto, hay muchas características asociadas a la IA:

"Dos doncellas le ayudan a caminar sosteniéndole. Están hechas de oro, pero parecen vírgenes vivas. Tienen la capacidad de razonar, así como la mente; también tienen la voz y la fuerza física; por la gracia de los Inmortales, saben trabajar."

En primer lugar, tenemos seres pensantes con múltiples sentidos. En lenguaje moderno, diríamos que tienen la capacidad de tomar decisiones en función de un entorno determinado y que pueden generar textos. Homero constata que los sirvientes funcionan, algo que hace soñar tanto como asusta hoy en día. De hecho, ya está todo ahí.

La idea de los "autómatas" se remonta a la Antigüedad. Sin embargo, no fue hasta el siglo XVI cuando se crearon los primeros. Leonardo da Vinci, René Descartes y Jacques de Vaucanson participaron en su creación. Fue la gran época de la mecánica. Estos hombres y animales hechos de chatarra a menudo sólo reproducían el cuerpo de lo que imitaban, sin el aspecto del razonamiento, pero era un paso adelante.

En 1645, Blaise Pascal inventó la Pascaline, la primera máquina capaz de realizar cálculos. Puede parecer un detalle sin importancia. Pero fue el primer paso hacia la automatización de las matemáticas. Siguieron toda una serie de teorías en el campo de la estadística: probabilidad, estadística inferencial y regresión. El álgebra lineal, por su parte, aunque existía desde hacía mucho tiempo, no se consolidó como un área formal- hasta el siglo XIX. Estos conceptos se explicarán en el capítulo Enfoque matemático: ¿cómo enseñar IA? Recordemos que ahora son la base de los sistemas que construimos. La inteligencia artificial es antigua, o al menos lo son los conceptos matemáticos que la sustentan.

En el siglo XIX, siglo de progreso, vapor y fantasías, las ideas echaron a volar y es aquí donde encontramos los precursores de la ciencia ficción. Y la ciencia ficción implica a menudo, aunque afortunadamente no siempre, la inteligencia artificial. Ésta apareció en todos los géneros: la ópera con*Les Contes d'Hoffmann (Los cuentos de Hoffmann)* de Jacques Offenbach, la novela con el célebre *Frankenstein o el moderno Prometeo* de Mary Shelley, que ya hemos mencionado, *L'Ève future (La Eva futura)* de Auguste de Villiers de L'Isle-Adam, que fundó el término "androide" que encontramos en la ciencia, etcétera.

Ese mismo siglo vio nacer a Ada Lovelace, la primera programadora de la historia. Utilizando una máquina ideada por Charles Baggage, desarrolló un programa informático, una secuencia de órdenes que respondían a principios lógicos. A Ada Lovelace se le ocurrió una idea fascinante que ahora estamos desarrollando, la de utilizar los ordenadores para producir obras artísticas. Pensó que los ordenadores podrían utilizarse para "componer piezas musicales de valor y complejidad ilimitados". Todas las miradas están puestas ahora en las IA capaces de generar texto, imágenes o música. Es interesante darse cuenta de que esta idea se planteó hace mucho tiempo.

Del mismo modo, es difícil hablar de inteligencia artificial sin mencionar a Alan Turing. En 1950, se planteó la pregunta *¿Pueden pensar las máquinas*? En un artículo titulado *Computing machinery and intelligence (Maquinaria informática e inteligencia)*, desarrolló una serie de conceptos que han permanecido con nosotros hasta nuestros días. A partir de mediados del siglo XIX, barrió de forma contundente y discutible las opiniones contrarias a este debate. Por ejemplo, rechazó las protestas teológicas. Hay una en particular que aborda y que todavía suscita muchas emociones: las IA no pueden tener conciencia. Alan Turing explica que la única forma de saber si un ser la tiene es estar dentro de su cuerpo. Desde fuera, lo que percibimos es sólo una impresión de conciencia, y eso basta para decir que los seres humanos que nos rodean piensan de la misma manera que nosotros. Una vez más, lo importante no es ser, sino mirar. Fue en este texto donde el matemático, considerado uno de los padres de la informática, fundó un concepto que más tarde se llamó "Test de Turing". En realidad lo llamó "*Juego de imitación*". El título lo dice todo. Pedimos a las IA que imiten, no que sean. Es una diferencia fundamental. Nos conformamos con un simulacro, porque lo que cuenta es el resultado.

El artículo de Alan Turing es muy rico, ya que contiene también una vieja teoría en la que se basan nuestras aplicaciones inteligentes: el aprendizaje de las máquinas. Originalmente, Alan Turing evocaba la noción de máquinas que aprenden. Hoy hablamos de aprendizaje automático. Alan Turing imaginó el uso de ordenadores para crear programas infantiles que inicialmente sabrían muy poco, pero que tendrían la capacidad de almacenar conocimientos. A partir de ahí, se harían cada vez más expertos hasta darnos la ilusión de seres pensantes.

No fue hasta seis años después, en 1956, cuando John McCarthy pronunció las palabras "inteligencia artificial". El matemático reunió a varios científicos en una conferencia en Dartmouth para debatir el concepto. Con la aparición de esta expresión se fundó la disciplina. Un título puede marcar la diferencia. A partir de ahí, en 1957, se concibió uno de los componentes esenciales de las redes neuronales: el perceptrón.

En 1959, Arthur Samuel utilizó las palabras "aprendizaje automático" para describir su juego de damas informatizado. Era el colmo del entusiasmo. Todo el mundo creía en la gran idea de la inteligencia artificial. Los proyectos se multiplicaban y se creaban institutos. Y luego, con el paso de los años, ninguna aplicación concreta o útil vio la luz. Surgieron las dudas, que culminaron con la intervención de James Lighthill. Matemático británico de renombre, redactó un informe en el que expresaba su preocupación por la investigación en robótica y procesamiento del lenguaje. A raíz de este acontecimiento, el gobierno británico dejó de financiar la inteligencia artificial. Este recorte presupuestario marcó lo que se conoce como el primer invierno de la IA, lo que significa que poco o nada ocurrió en este campo. La IA quedó relegada al olvido.

En 1980, los sistemas expertos que ya hemos mencionado eran una nueva promesa. Se utilizaron ampliamente para diversas aplicaciones, como juegos y software de apoyo a la toma de decisiones. La moda resurgió de sus cenizas. Sin embargo, con el paso de los años, los inconvenientes de estos programas acabaron sumiendo de nuevo a la disciplina en un segundo invierno.

Cabe señalar que durante este tiempo, desde mediados del siglo XX hasta principios del XXI, los lectores y espectadores recibieron una lluvia de IAs en la ciencia ficción. Algunas de ellas parecen utópicas o, al menos, inofensivas. Podemos pensar, por ejemplo, en el adorable robotito de *Wall-E*, de 2008, mientras que*Terminator*, de 1984, presenta una visión terrorífica de las criaturas artificiales. Amiga o máquina destructiva capaz de tomar el control de los humanos, la cuestión, aunque desprovista de toda base racional la mayoría de las veces, suscita interés. En resumen, durante algúntiempo, la inteligencia artificial volvió a pertenecer a la ficción y desapareció del ámbito científico. Los investigadores seguían trabajando en este campo, pero al carecer de los recursos necesarios, los avances eran menos significativos.

A partir de la década de 2000, una moda en torno al aprendizaje automático, y al aprendizaje supervisado en particular, dio un nuevo impulso a la disciplina. Fue la llegada de los sistemas de aprendizaje. Esto fue posible gracias a una serie de factores. En primer lugar, Internet de consumo celebra su décimo aniversario. Sin embargo, esta tecnología vuelve a presentar una mina de oro en términos de datos, y la estadística prospera con los datos. El segundo factor de esta resurrección es la aparición del big data, es decir, la capacidad de los ordenadores para trabajar con mayores volúmenes de datos. Están adquiriendo una mayor potencia de cálculo, lo que multiplica por diez sus posibilidades. El álgebra lineal y la estadística, viejas teorías, se informatizan, aportando nuevas esperanzas.

A partir de entonces, las IA en la ficción reciben un tratamiento diferente. La noción de aprendizaje parece formar parte integral de los nuevos personajes. En la película de 2014 *Ex Machina*, un científico habla de un modelo que acumula conocimientos como lo haría un niño. El discurso sobre la IA, por tanto, ha evolucionado. Hoy es difícil imaginar una sin un sistema de aprendizaje.

La locura de los años 2000 duró hasta que asistimos al auge de la IA, que debemos principalmente a la IA generativa, como ChatGPT y Midjourney.

3. Invierno y primavera en IA

La IA ha tenido varios periodos invernales, es decir, momentos de la historia en los que uno se despega del campo. Con la locura del ChatGPT, la gente asustada o esperando mucho de un campo que aún está en pañales, otra mala temporada no es imposible. Con las expectativas altas, es probable que la decepción sea dura. Para los investigadores y expertos, podría significar el fin de sus subvenciones. Los gobiernos, incluido el francés, contribuyen masivamente a la salud de la disciplina. Si se recortan los presupuestos, será más difícil trabajar en proyectos que, de momento, no generan ingresos suficientes para seguir existiendo por sí solos. Al mismo tiempo, si hay un nuevo invierno de IA, quizá la inversión restante se centre en las áreas más prometedoras. De ese modo, podremos aunar nuestras capacidades en torno a cuestiones pragmáticas. Eso no es necesariamente malo, y podría racionalizar nuestros esfuerzos. La historia lo dirá.

Mientras tanto, la IA está en auge.

C. La IA generativa y el nuevo auge de la IA en general

1. El nuevo auge de la IA

Así que aquí estamos, en pleno auge de la IA, y es difícil no darse cuenta. La palabra está en boca de muchos y ocupa un lugar destacado en los medios de comunicación. La financiación llega a raudales. En todo el mundo, en 2023, la inversión aumentó un 27% en un año. Tomando Francia como ejemplo, desde 2017 el gobierno francés ha estado desarrollando lo que llama una "estrategia para la inteligencia artificial". Esta estrategia tiene dos vertientes principales: el refuerzo de las capacidades de investigación y la formación de talentos. El 19 de septiembre de 2023 se creó también el Comité de Inteligencia Generativa. El plan consiste en inyectar 2 220 millones de euros en el campo de la IA a lo largo de cinco años. El propio Emmanuel Macron ha anunciado "un esfuerzo sin precedentes de Francia en inteligencia artificial". A pesar de la normativa, los gobiernos creen en la IA y, de hecho, le va bien. Hay que tener en cuenta que, por otro lado, la inversión en otras áreas ha caído. En 2023, las empresas emergentes en general experimentaron una caída del 57% en la recaudación de fondos.

Desde 2024, la inversión en IA sigue creciendo, pero con un enfoque más regulado y centrado en modelos avanzados de IA multimodal y agentes autónomos. También se han aprobado regulaciones más estrictas en la UE para controlar su desarrollo.

2. Los puntos fuertes de la IA generativa

La moda se ha acelerado con la IA generativa. Se trata de un tipo de inteligencia artificial. Entre ellos están Dall-E y ChatGPT. Estos programas producen contenidos de todo tipo. Veamos algunos de los existentes.

Para generar texto, tenemos los motores GPT presentes en las distintas versiones de ChatGPT, pero también aplicaciones como Gemini desarrollada por Google, Microsoft Copilot y Chatsonic. Éstas ofrecen enunciados convincentes a primera vista, o que al menos podrían dar la impresión de haber sido diseñados por humanos. Es el tipo de software que puede utilizarse para escribir un discurso de boda o una disertación de filosofía.

Si pides a ChatGPT un discurso para tu boda:

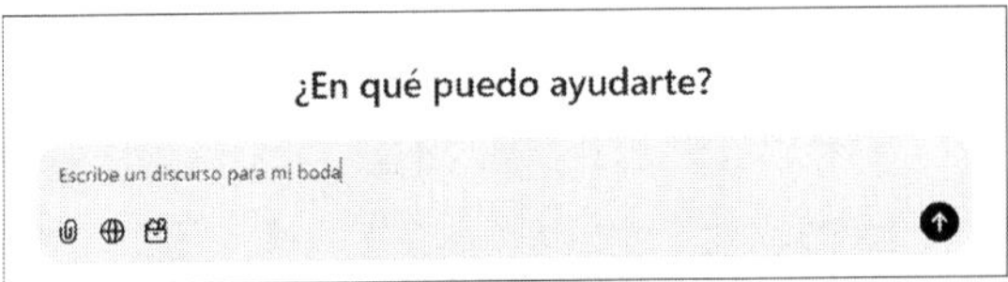

Podrías obtener esto:

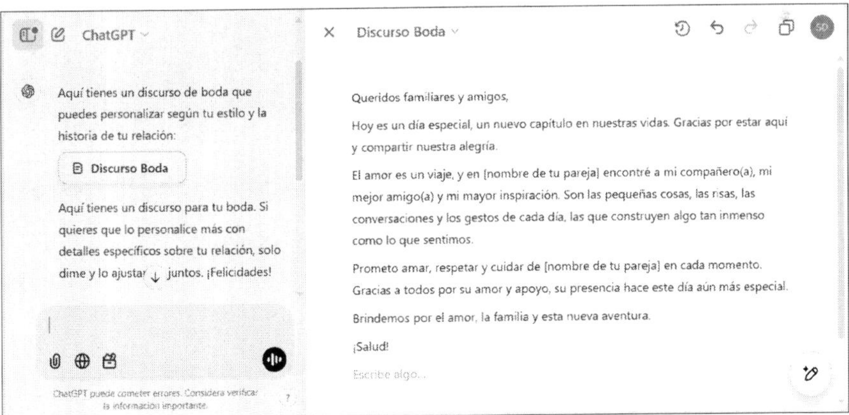

En cuanto a la representación visual, están Dall-E, Midjourney y Generative art. Estas aplicaciones producen fotos o imágenes. Algunas, como Generative art, tienen un propósito creativo, mientras que Midjourney es más para montajes fotográficos. Otras herramientas, como Face generator, se centran en construir caras falsas. Si bien Midjourney y DALL·E generan imágenes falsas, OpenAI ha implementado marcas de agua y restricciones en la generación de contenido engañoso. Algunas herramientas ya rechazan generar imágenes de figuras públicas para evitar la desinformación.

Si pides a una de estas herramientas un planeta malva con anillos:

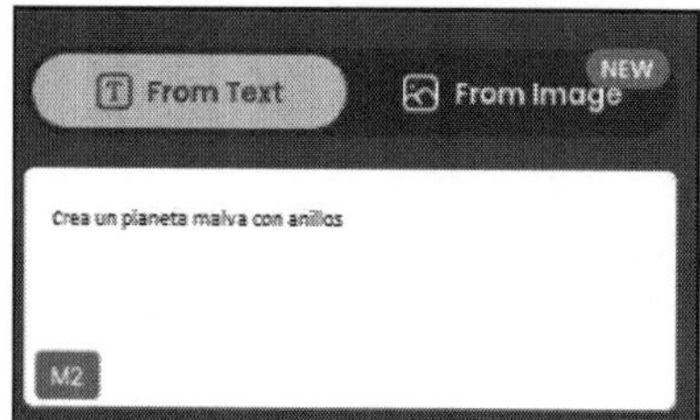

Podrías conseguir esto:

El resultado no es perfecto, pero la idea está ahí.

De la foto al vídeo sólo hay un paso. Y, de hecho, las IA también están produciendo vídeos, lo que ha dado lugar a la proliferación de "deepfakes". Se trata de secuencias falsas en las que se ve a un famoso diciendo cosas que nunca ha dicho. Uno de los ejemplos más conocidos es el de Marc Zuckerberg, el jefe de Meta, que dijo que quería controlar a los usuarios de Facebook. Hace tiempo que es posible producir este tipo de montajes. Pero ahora la IA lo hace más fácil. Es el caso que comentamos de la edición de fotos de Soraya cuando borra a personas no deseadas de sus instantáneas de vacaciones. Por supuesto, Photoshop existe desde hace muchos años, pero no todo el mundo sabe utilizarlo. Hay que estar familiarizado con los conceptos de capas y máscaras, además de ser paciente y meticuloso. No es una habilidad fácil de desarrollar. Pedirle a una IA que ponga palabras chocantes en boca del jefe de Meta es mucho más sencillo.

¿Qué pasa con los generadores de historias como el que utiliza Soraya? En primer lugar, la propia ChatGPT tiene esta capacidad, pero no es su área de especialización. Otras IA se están centrando en el tema. Sassbook, por ejemplo, ofrece completar un enunciado seleccionando distintos géneros: original, clásico o romántico. También podemos mencionar Toolsaday, que toma como entrada información como un escenario o personajes y emite contenido textual.

La IA generativa también se refleja en la propia programación. Herramientas como Copilot e incluso ChatGPT son ahora capaces de escribir líneas de código. Esto es bastante sorprendente si tenemos en cuenta que la propia IA se produce mediante código. ¿Sería entonces la IA capaz de crearse a sí misma? ¿No es peligroso que la IA pueda prescindir de nosotros? ¿Cómo podemos estar seguros de que no vendrá a por nosotros?

3. Los límites de la IA generativa

Volvamos a la tierra.

Hemos echado un buen vistazo a las IA generativas y hemos demostrado lo que pueden hacer. Pero no hemos dicho lo que no pueden hacer. En la próxima sección veremos los límites intrínsecos de la inteligencia artificial. De momento, veamos lo que no pueden hacer las aplicaciones de las que acabamos de hablar. En primer lugar, contrariamente a las apariencias y a lo que vociferan algunos periódicos, estos montones de código y estadísticas no son artistas. La idea de tener al Papa con un plumón sale de un cerebro. La IA se limita a ejecutarla. El impulso creativo sigue siendo prerrogativa de los humanos. Es más, el resultado no siempre es extraordinario. En efecto, Midjourney produce imágenes realistas, pero cuando miramos más de cerca, nuestro ojo se topa con algunos detalles extraños. Hace algún tiempo, el dibujo de las manos resultó bastante tosco. Había fotos de personas que sujetaban dos dedos índices uno al lado del otro, por ejemplo. Midjourney ha avanzado mucho en este aspecto. Sin embargo, algunos de los renders siguen siendo curiosos.

Nuestras pruebas no produjeron un planeta malva real con anillos:

Lo mismo ocurre con deepfake con Marc Zukerberg. Es ciertamente impresionante, pero no perfecto. Los rasgos faciales del jefe Meta no se mueven realmente como lo haría una persona normal.

Las IA generativas, como Claude, Gemini y ChatGPT-4, han mejorado en la creación de contenido original, con mayor capacidad para generar textos coherentes, creativos y estilísticamente diversos. Algunos dirán, y con razón, que así es como se hace literatura. Todos los autores imitan el estilo de sus predecesores. Es cierto, pero lo hacen con un pequeño extra que la IA no tiene. Las herramientas progresan. Le toca al futuro impresionarnos.

Hablemos de otra área con la que los desarrolladores están muy familiarizados: la generación de código. Aunque esta nueva tecnología puede ser muy práctica, debe tratarse con precaución. El código suministrado suele contener errores. Es un recurso cómodo, pero hay que utilizarlo con prudencia.

No se trata de caer en el mito prometeico. No, aún no hemos diseñado inteligencias artificiales lo bastante eficaces como para confiar ciegamente en ellas.

4. El proceso de creación de la IA generativa

Para entender por qué las IA generativas tienen limitaciones, echemos un vistazo general a su proceso de creación. Antes hemos hablado del aprendizaje automático. En el aprendizaje automático, el software explora un amplio conjunto de datos para identificar estructuras y construir un modelo que luego pueda reutilizarse. Ésta es la base de las IA como la que maneja Soraya. Las IA generativas también tienen sus propias particularidades, que ahora veremos.

La IA generativa se basa en dos principios fundamentales: un generador y un discriminador. El objetivo del primero es producir contenidos, mientras que el del segundo es distinguir los contenidos plausibles de los inadecuados para el contexto.

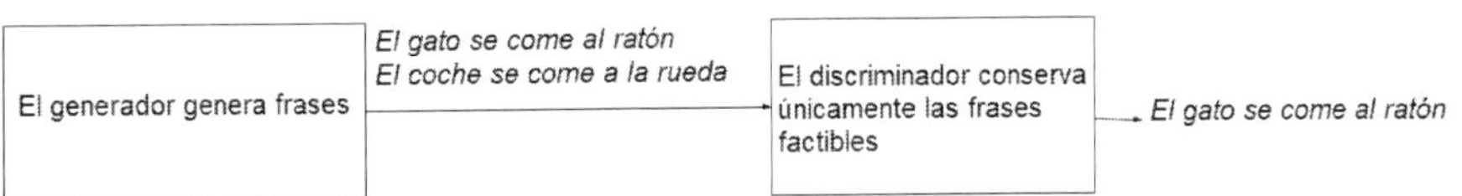

Así que podemos imaginar que la aplicación generará una serie de historias similares. Tomemos dos ejemplos posibles. Primero, volvamos a lo que leyó Soraya:

Érase una vez en una biblioteca de tamaño medio una empleada llamada Soraya. Un día, entró una hermosa mujer a la que nunca había visto.

Y añadamos otro texto que podría haber sido propuesto por el generador:

Érase una vez, en un pequeño ayuntamiento, una empleada llamada Soraya. Un día, entró en el local un oso glacial que nunca antes había visto.

La primera afirmación tiene sentido, la segunda es bastante improbable. Corresponde al discriminador detectarla y evitar ofrecer a los usuarios la segunda. El generador, que se basa en un conjunto de datos, se entrena para producir contenidos cada vez más creíbles, mientras que el discriminador se afina para detectar cualquier rastro de rareza. Es un círculo virtuoso.

Una vez que el equipo encargado del desarrollo, como el de Nico, considera que la herramienta cumple los requisitos de la empresa, puede entregarla a los lectores. En el caso de Nico, prefiere probar su aplicación con unas pocas personas antes de lanzarla al público. Esto es bastante habitual en el sector informático.

En términos generales, el principio en el que se basa la IA generativa no tiene nada de mágico. Sin restar potencia a su funcionalidad, no hay brujería en las profundidades de la inteligencia artificial. Lo mismo puede decirse de OpenAI, que está desarrollando ChatGPT.

D. Enfoque en ChatGPT: una IA que marca un punto de inflexión

1. ChatGPT, un nuevo gigante

¿Los avances de la inteligencia artificial dejarán obsoleto el trabajo? titulaba France Culture el 18 de enero de 2023. *¿Qué es el fenómeno ChatGPT y podría sustituir a los humanos?* se preguntaba *The Guardian* el 5 de diciembre de 2022. Lo menos que podemos decir es que la herramienta lanzada en noviembre de 2022 saltó a los titulares. Un año después, ya había registrado 100 millones de cuentas. Entonces, ¿qué contiene esta tecnología y qué hace?

En primer lugar, nos llega de la empresa OpenAI. Fundada originalmente en 2015 sin ánimo de lucro por Elon Musk, empresario multimillonario al frente de Tesla y *X*, por nombrar solo dos, y Sam Altman. Desde entonces, la empresa ha evolucionado, ya que Elon Musk abandonó el barco en 2018 y se transformó en una empresa con ánimo de lucro en un intento de atraer inversores.

Hablemos ahora de una de las herramientas estrella de OpenAI: ChatGPT. ChatGPT es una contracción de los términos "chat" y "GPT". El primero indica que ChatGPT es un chatbot, es decir, un software conversacional. La idea es dar la ilusión de estar interrogando a una persona. Muchas empresas lo han intentado, pero ninguna con tanto éxito como OpenAI. Un ejemplo es el antiguo robot de Google llamado Meena. Al principio, la prensa lo consideró una herramienta casi humana. Sin embargo, en cuanto se le llevaba al límite, se obtenían resultados extraños. Por ejemplo, transcribamos una conversación que fue posible obtener:

Meena: ¿Por qué no tienes ningún plato de marisco favorito?

Humano: Lo tengo.

Meena: ¿Entonces por qué no te lo comes?

Humano: Nunca dije que no lo comiera.

Meena: ¿Por qué no comes más?

Humano: Me tengo que ir.

Meena: ¿Por qué no vuelves?

Humano: ¿Por qué debería?

Meena: Porque te echamos de menos

Humano: ¿No estás solo?

Meena: Te pasa algo.Lo sé.

Humano: Ok, hasta luego entonces.

Meena: Sabes que tengo razón.

Humano: Adiós.

Meena: No te vayas.

ChatGPT ha evolucionado y ahora da respuestas más naturales y conversacionales. En versiones recientes, responde cosas como:

"Estoy bien, gracias por preguntar. ¿En qué puedo ayudarte?"

Es decir, ya no responde de manera tan robótica como antes.

2. Funcionamiento general de ChatGPT

"GPT" es el acrónimo de una serie de palabras que significan "transformador generativo preentrenado". Detrás de esta expresión se esconden una serie de conceptos que ya hemos explorado. En primer lugar, ChatGPT, como toda la IA actual, se basa en el aprendizaje automático. Ha sido entrenada para servir a un modelo.

Si volvemos a lo que hemos visto, se entrenó a un generador para que produjera textos cada vez más convincentes y precisos. El discriminador, por su parte, como un mentor, llevaba al generador hasta el límite, deteniéndolo en cuanto no quedaba satisfecho. Gracias a numerosas pruebas, ChatGPT ha evolucionado hasta convertirse en lo que es hoy. Acabamos de empezar a explicar la parte "generativa preentrenada".

3. Aprendizaje supervisado y por refuerzo para entrenar ChatGPT

Continuemos añadiendo el hecho de que ChatGPT se basa en dos tipos de aprendizaje. En primer lugar, ha pasado mucho tiempo entre bastidores registrando conocimientos y saber hacer. Es lo que se conoce como "aprendizaje supervisado". Volveremos sobre este concepto con más detalle en el capítulo La promesa de la IA: ¿qué podemos esperar de ella? - Diferentes formas de aprendizaje automático con resultados más o menos prometedores. Aquí se tratan las ideas de generador y discriminador.

ChatGPT también utiliza el "aprendizaje por refuerzo". Esto significa que presta especial atención a las interacciones que desarrolla con sus interlocutores. La interfaz de ChatGPT incluye un cuadro de texto. Aquí es donde puedes hacer una petición. ChatGPT propondrá una respuesta y la acompañará de dos pequeñas imágenes, un pulgar hacia arriba y otro hacia abajo. Éstas se utilizan para indicar la calidad de la interacción. Esta información alimenta el motor de ChatGPT y le permite mejorar. Con su generador de historias, la propia Soraya recibe la pregunta "¿Te ha gustado la historia? Su elección influirá en los futuros textos generados.

El aprendizaje por refuerzo es cada vez más popular, sobre todo en el caso de la IA generativa. Pero tiene sus límites. Por ahora, recordemos que ChatGPT es el resultado de una combinación de este método, pero también y sobre todo de un preentrenamiento con aprendizaje supervisado.

4. Los grandes modelos lingüísticos

ChatGPT, al igual que la aplicación de Nico, son generadores de texto. Esto significa que están especializados en el tratamiento automático del lenguaje natural. Se basan en el principio de los "grandes modelos lingüísticos". Éstos se entrenan para predecir la entidad léxica que sigue. ChatGPT no tiene inteligencia en el sentido humano. Su objetivo es adivinar lo que sigue al principio de un enunciado. Sería como una forma de autocompletado, pero muy potente. Así, si la IA está acostumbrada a ver "ciudad mediana" después de "Érase una vez en una biblioteca", eso es lo que devolverá. Es el discriminador el que dirige el generador en la dirección correcta. ChatGPT simplemente da la secuencia de palabras que encuentra más a menudo después de una primera palabra.

5. Un sistema probabilístico detrás de respuestas

Recuerde que la IA y el aprendizaje automático se basan en estadísticas. Así, si ChatGPT aprende que el 90% de las veces una respuesta B sigue a una respuesta A, la recuperará. Uno de los puntos fuertes de ChatGPT, o al menos uno de los que realmente nos impresionó, es el hecho de que la herramienta rara vez genera el mismo contenido. Para ello, elige al azar las mejores respuestas posibles. No se comporta de forma determinista como un sistema experto.

6. Habilidades de ChatGPT

Ahora que hemos descubierto cómo funciona ChatGPT desde dentro, al menos a grandes rasgos, veamos más de cerca lo que puede hacer. Nos centraremos en la parte textual de la herramienta. En primer lugar, ChatGPT nos da la ilusión de que es real. ¿Podría haber pasado la prueba de Turing? No. ChatGPT declara que no tiene emociones y nos recuerda su naturaleza no humana. Su propósito no es convertirse en tu amigo, sino realizar las funciones para las que fue diseñado.

Si le preguntas: “¿Has pasado el test de Turing?”

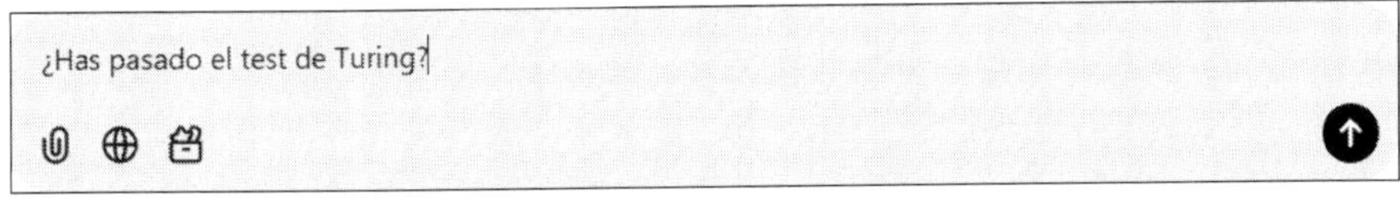

Dirá algo como:

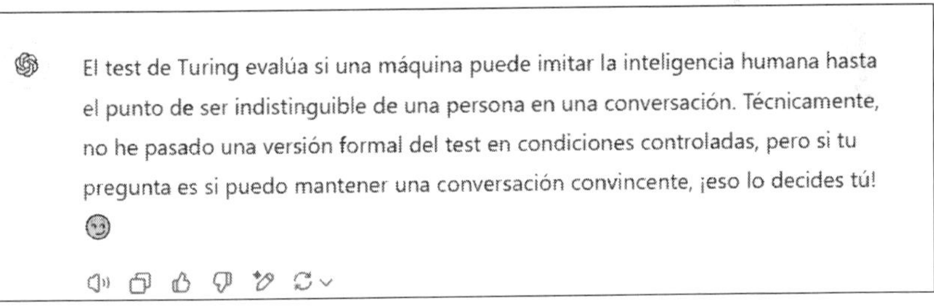

ChatGPT también es eficaz para resumir una declaración o redactar una de cualquier tipo. También tiene funciones de traducción. Puede responder preguntas y ayudar a los programadores a escribir código. En definitiva, tenemos una buena navaja suiza como generador de texto.

7. Limitaciones de ChatGPT

Sin embargo, ChatGPT también tiene sus limitaciones. Hemos mencionado su capacidad para traducir, pero la propia herramienta admite que rinde mucho mejor en ciertos idiomas.

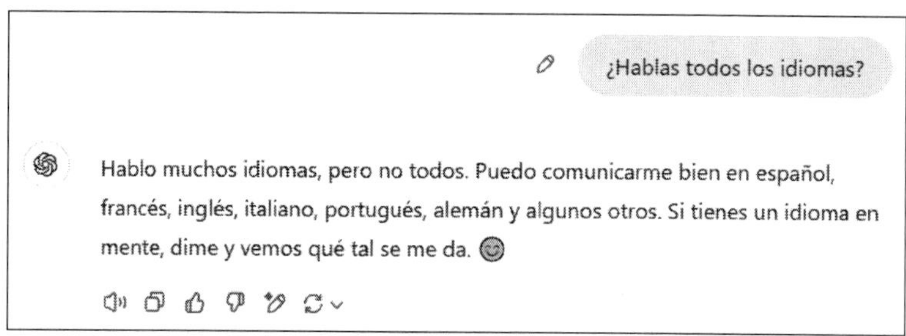

En cuanto a la pertinencia de las propias respuestas, varios estudios, entre ellos uno de la Universidad de Stanford y la Universidad de California, muestran que los resultados varían. Esta investigación debe tratarse con cautela por dos razones. En primer lugar, unos pocos estudios no bastan para formar un consenso científico.

Actualmente, ChatGPT-4 ya está actualizado y tiene acceso a información reciente mediante Bing en algunas versiones (como ChatGPT Plus). No siempre dará respuestas desactualizadas sobre eventos recientes.

Si bien sigue cometiendo errores, ChatGPT-4 ha mejorado notablemente en la generación de código y en la detección de errores. Además, algunas versiones ahora permiten depurar código y hasta explicar qué está mal y cómo corregirlo.

Actualmente, OpenAI está implementando versiones de ChatGPT con memoria. Aunque la versión gratuita sigue sin recordar conversaciones anteriores, las versiones avanzadas están empezando a incluir memoria persistente en algunas pruebas.

Los profesores se han visto inundados de tareas copiadas de ChatGPT. ¿Significa esto que los métodos de enseñanza se han quedado obsoletos o que el nivel de los alumnos y estudiantes va a bajar? Es difícil responder a esta pregunta, pero señalemos que, como hemos visto, ChatGPT no es perfecto. Sin embargo, estos problemas ya existían antes de la llegada de esta herramienta. Por ejemplo, la llegada de Internet ya había cambiado nuestra forma de aprender. Además, debemos mantener una mirada crítica sobre la información que encontramos en este medio, como en todos los medios de comunicación.

ChatGPT y los generadores en general vienen con un nuevo fenómeno llamado "alucinación". ChatGPT da respuestas falsas, pero siempre con el mismo aplomo. Recibimos afirmaciones completamente erróneas y salidas de la nada, o al menos que no somos capaces de justificar. Los usuarios pueden tomarlas al pie de la letra. Ese es probablemente el verdadero problema. ChatGPT no está alucinando. Quizá podríamos llamarlo "bug". Sin embargo, este último concepto es inadecuado. Las IA se basan en datos y estadísticas. No son deterministas. Está en su propia naturaleza generar resultados aleatorios y, por tanto, potencialmente falsos. Cuando medimos la relevancia de una IA, lo hacemos en términos de porcentajes, y ninguna IA ha logrado nunca un 100% de éxito, ni lo logrará, debido a la forma en que están construidas.

Un estudio titulado *Sobre la robustez de ChatGPT: una perspectiva contradictoria y fuera de distribución* analizaesta cuestión. En él se cifra la precisión de ChatGPT en un 67%. Tomemos esto con cautela. Se necesitan otros experimentos para corroborar este resultado. Una vez más, ChatGPT mejorará sin duda. Pero una cosa es cierta: mientras su funcionamiento se base en la programación probabilística, siempre generará enunciados erróneos algunas veces. Si ChatGPT obtiene una puntuación del 67%, lo que no es impensable, significa que el 33% de sus respuestas son inutilizables. Y a los usuarios nos toca filtrar. El alucine no viene de la herramienta en sí, que hace lo que se supone que debe hacer, sino de las personas que la reciben, que carecen de perspectiva sobre lo que la máquina está generando para ellos.

8. Los temores en torno a ChatGPT

Como resultado, ChatGPT ha despertado entusiasmo, a veces demasiado. Por otro lado, también ha despertado temores. Italia se negó inicialmente a permitir que ChatGPT recopilara datos de sus ciudadanos y pidió a OpenAI que cumpliera el Reglamento General de Protección de Datos (RGPD). OpenAI cumplió. Otras prohibiciones han tenido lugar en China y en municipios y escuelas.

En la línea de la contestación, mencionemos dos hechos más. El 29 de marzo de 2023 se publicó un artículo de opinión en el que se pedía que se gestionaran los "dramáticos trastornos económicos y políticos (sobre todo para la democracia) que causará la IA". Incluso pedía una pausa en el desarrollo de la IA. Causó un gran revuelo porque entre los firmantes figuraba Elon Musk. Musk había cofundado OpenAI y, tras su discurso, creó una nueva empresa emergente de inteligencia artificial. Este foro tuvo el efecto de reforzar la credibilidad del ChatGPT y la IA. Al final, también fue un buen truco publicitario para la inteligencia artificial.

ChatGPT ya no imita el estilo de autores vivos reconocidos, debido a restricciones de derechos de autor y cuestiones legales. Si se le pide que escriba al estilo de un autor moderno, suele responder que no puede hacerlo o que lo intentará sin replicar exactamente el estilo. El hecho de que un texto esté exento de derechos de autor no significa que los autores den permiso a empresas como OpenAI para utilizarlo en su base de datos de formación. La segunda exige transparencia sobre la procedencia de los extractos sobre los que se construyó ChatGPT.

ChatGPT no ha hecho felices a todos. ¿Peligro real para la humanidad o verdadera bendición? Como siempre, la respuesta está en algún punto intermedio. Es una herramienta con puntos fuertes y débiles. Se basa en el mismo principio que la IA generativa, con un generador, un discriminador, una enorme base de datos de entrenamiento y, en definitiva, programación probabilística. Es difícil predecir la historia sobre la marcha, pero podemos apostar a que el nacimiento de ChatGPT será recordado como un punto de inflexión en el campo de la inteligencia artificial.

E. En pocas palabras

La inteligencia artificial tiene una larga historia. Aunque la palabra no apareció hasta 1956, el concepto existe al menos desde la primera novela que conocemos. Es un concepto antiguo que se basa en viejas nociones como la estadística o la posibilidad de crear obras de arte con una máquina. Esta cronología de la inteligencia artificial como disciplina científica se entrelaza con la de la inteligencia artificial como personaje.

Tras varios inviernos y primaveras, el campo de la IA vuelve a estar en auge. Debemos este fenómeno principalmente a la IA generativa, la IA capaz de producir textos, imágenes, historias o incluso vídeos. Detrás de estas aplicaciones no hay nada mágico, pero sí conceptos bien documentados como el generador y el discriminador.

ChatGPT ha despertado diversas pasiones entre el gran público, tanto positivas como negativas. Es posible que marque un punto de inflexión en este campo. Sin embargo, es un programa informático basado en código y datos. Y tiene sus puntos débiles. Sin duda, es la forma en que consideramos esta herramienta la que debe cambiar si queremos apreciar plenamente sus capacidades.

La IA está en auge, pero ¿qué podemos esperar realmente de ella? ¿Qué puede esperar Soraya más allá del generador de historias que ha probado?

Capítulo 1-3

Las promesas de la IA: ¿qué se puede esperar de ella?

A. La historia de Soraya y la IA

Al día siguiente, antes de entrar en la biblioteca, Soraya se cruzó con una mujer de pie junto a un coche. Una masa de pelo castaño sobresalía sobre la gran frente de la desconocida. Tenía los labios fruncidos y pintados de rojo, y sus facciones parecían congeladas. Había algo raro en un rostro tan perfecto. Se parecía al deRachael en Blade Runner, *ese enigmático personaje que resulta ser una criatura artificial.*

Soraya sacudió la cabeza ante sus absurdas ideas, entró en la sala de profesores y se reunió con sus cuatro compañeros.

De repente, apareció Christophe. Caminaba junto a la extraña mujer que había visto por la mañana. La presentó al equipo.

— Julie está aquí para dar un impulso a esta biblioteca. Julie viene de una empresa especializada en innovación y digitalización. Su objetivo será ver cómo la inteligencia artificial puede integrarse en nuestra vida cotidiana.

Soraya se quedó sin aliento. Sólo consiguió balbucear algunas palabras:

— ¿Qué quiere decir con eso?

Julie dio un paso adelante y, con una sonrisa tensa, anunció:

— Creo que un sistema de recomendación banal para agilizar los préstamos sería un buen comienzo, algo basado en redes de neuronas.

¿Un sistema de recomendación normal y corriente? ¿Como Netflix? Una ira hirvió en el interior de Soraya. Se trataba de un servicio público para el bien común, no de una empresa diseñada para hacer el mayor número posible de ventas con conceptos modernos como el de las redes de neuronas. Además, aconsejar a los lectores le correspondía al bibliotecario, no a un vulgar ordenador.

Julie se levantó su imponente tocado con una mano y continuó:

— El equipo encargado de implementar la herramienta vendrá mañana.

Soraya asintió, apretando con fuerza los puños contra sus pantalones.

Se pasó el día cavilando. De camino a casa, un reluciente Tesla pasó a su lado sin hacer ruido. Los coches autónomos son otro campo en el que las máquinas parecen querer sustituir a los humanos. Soraya había oído hablar incluso de taxis sin conductor. ¿Existirían de verdad? De repente, Soraya pensó en Nico y su generador de historias. Seguro que él sabía qué había detrás de todas estas aplicaciones y si Soraya debía temer por su puesto de trabajo.

B. Diferentes formas de aprendizaje automático con resultados más o menos prometedores

1. Aprendizaje supervisado

¿Perderá Soraya su trabajo? Va a ver a Nico para saber más. ¿Tiene motivos para preocuparse? Para responder un poco a esta pregunta, pensemos en lo que podemos esperar de la IA en general. Empecemos por evaluar las distintas formas de enseñar a una máquina y sus capacidades. Existen diferentes tipos de aprendizaje automático que se pueden clasificar. No todos son igual de potentes.

El primer método, y el más exitoso, es el aprendizaje supervisado. Es el que sustenta casi todas las aplicaciones que ya hemos conocido: retoque fotográfico, generador de historias o ChatGPT. El principio se desarrolla en dos fases: una llamada "entrenamiento" y otra "inferencia". En la fase de entrenamiento, la IA se alimenta de una gran cantidad de datos y deduce estructuras a partir de ellos, que luego aglomera en un modelo.

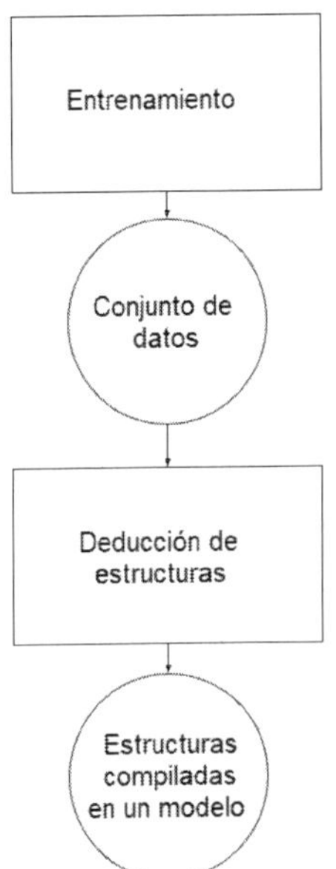

El aprendizaje supervisado *(supervised learning)* utiliza información del pasado o de un entorno determinado para aplicarla en otro. En el caso del retoque de imágenes, la IA ha visto un gran número de fotos en las que se indicaban píxeles con humanos. A continuación, deduce una fórmula matemática. Esto se denomina "modelo".

El modelo capta lo que ha entendido de la realidad. Como la realidad es compleja, se basa en una representación probabilística. Así, si un lote de píxeles próximos entre sí del mismo color y forma representa a menudo una forma humana, retendrá información del tipo: el 80% de las veces, se trata de una persona y puedo identificarla como tal. Una vez que la herramienta tiene este modelo, lo reutiliza en nuevas imágenes que nunca ha visto antes.

Tomemos esta toma como ejemplo:

Aquí podemos ver una calle estrecha con una multitud de personas al fondo. En el entrenamiento, estas formas están rodeadas de la siguiente manera:

La IA estudiará estos píxeles más de cerca.

Aquí es donde dibuja estructuras. Quizá la forma rectilínea de un cuerpo de pie, o píxeles que forman una figura redonda para la cabeza. En cualquier caso, una vez que tenga esta información, podrá reutilizarla en imágenes desconocidas. En la imagen siguiente, podrá aplicar los conceptos que ha registrado: forma rectilínea, cabeza redonda.

El aprendizaje supervisado es actualmente el método más utilizado en el campo de la IA. Los generadores son sólo un tipo de aprendizaje supervisado.

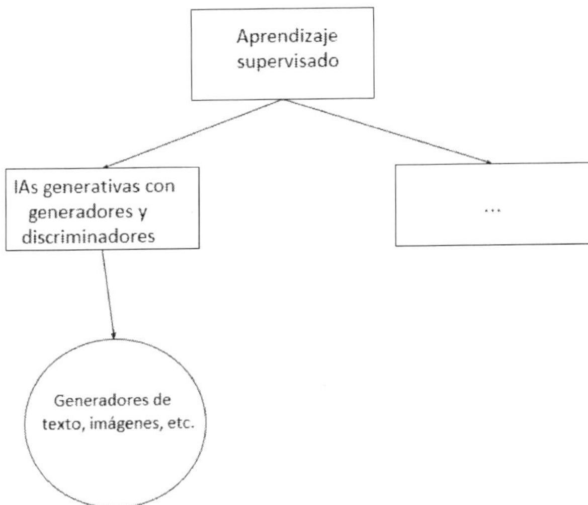

A menudo se habla de "inteligencia artificial" en singular. En realidad, quizá sería más exacto utilizar el término en plural. En efecto, aunque los conceptos sigan siendo comunes -código, estadística y datos- y podamos categorizar las distintas formas de aprendizaje, debemos tener en cuenta que existen infinidad de posibilidades y que se complementan entre sí.

2. Aprendizaje no supervisado

Las IA suelen ser modelos híbridos, es decir, que mezclan distintas técnicas.

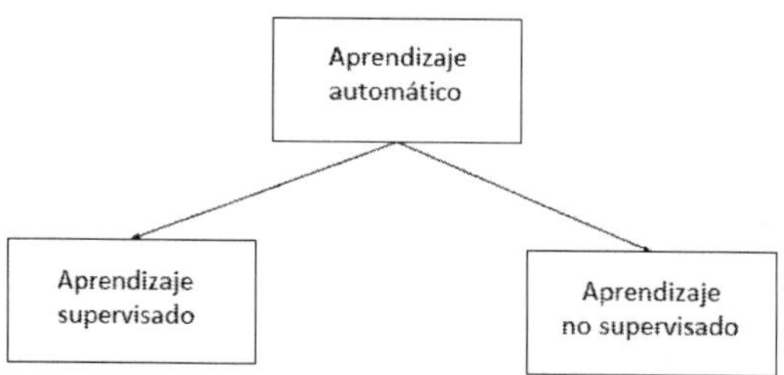

Analicemos el aprendizaje no supervisado. Su combustible siguen siendo los datos. Sin embargo, no hay dos fases, sino una sola. Se trata de extraer sustancia de la propia información que digiere. Extrae estructuras de lo que le alimenta, y esto basta para crear valor. Por ejemplo, puede dividir los datos para formar conjuntos. Esto es útil para segmentar productos o usuarios. En marketing, estos grupos pueden utilizarse para la publicidad dirigida.

Supongamos que la gente está dispersa:

Comparando a todas estas personas entre sí, según sus distintas características, podemos agruparlas en conjuntos:

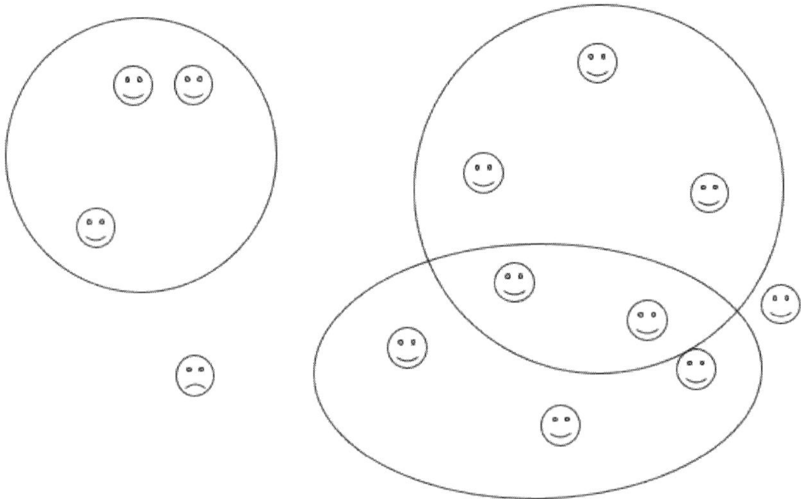

Este tipo de aprendizaje es menos eficaz que el primero, el aprendizaje supervisado, del que hemos hablado antes. No proporciona una respuesta precisa a una pregunta, sino que sirve para evaluar similitudes entre distintos componentes. Su uso es limitado. Se puede encontrar en marketing, como en el ejemplo que hemos visto, y también en los sistemas de recomendación de los que hablaremos más adelante.

3. Aprendizaje por refuerzo

Pasemos a otro tipo: el aprendizaje por refuerzo.

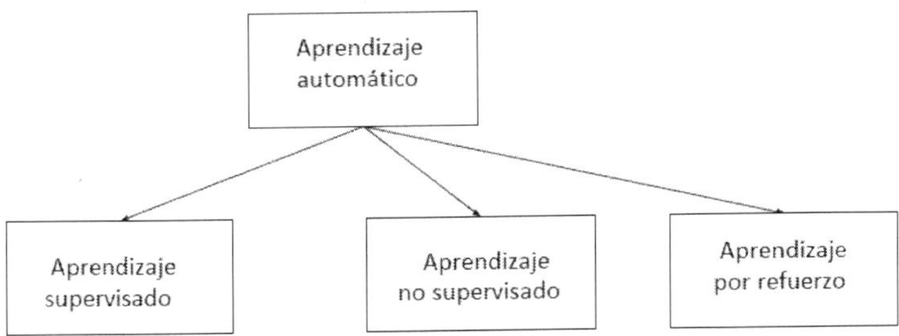

A menudo es lo primero que se nos ocurre. La idea es utilizar cada interacción para mejorar. Son los famosos pulgares arriba o pulgares abajo que encontramos en Netflix o ChatGPT. Pero estas aplicaciones no se basan únicamente en este tipo de aprendizaje. Ha habido herramientas basadas casi en su totalidad en este sistema. Un ejemplo es AlphaGo. Esta herramienta desarrollada por DeepMind venció al campeón mundial de Go, Lee Sedol. Lograr esta hazaña es aún más impresionante que en el ajedrez. Mientras que en el ajedrez se conoce el número de movimientos que vendrán y se pueden anotar uno a uno, es imposible hacer lo mismo con el Go. Por eso el equipo de DeepMind, que desde entonces ha sido adquirido por Google, recurrió al aprendizaje, y en particular al aprendizaje por refuerzo. Es una técnica que funciona bien en los juegos.

En otros sistemas es más complicado. Tomemos el infame caso de Tay. Microsoft desplegó este chatbot en Twitter (ahora X). Se suponía que debía aprender parte del contenido de la plataforma y sus interacciones con los usuarios. Twitter siempre ha tenido una peculiar noción de la libertad de expresión, pero no contaba con la ayuda de personas que empezaron a inculcar un montón de tonterías a la IA. Tay se volvió sexista y racista en un santiamén. Menos de un día después de su lanzamiento, Microsoft decidió retirarla. El fin de Tay.

De hecho, Tay ha reaparecido y Microsoft ha explicado que está trabajando en su sucesor. Lo cierto, y lo que dice Microsoft, es que todos hemos aprendido mucho de esta experiencia. El aprendizaje por refuerzo positivo requiere mucha confianza en sus usuarios. No, no es posible lograrlo con las Web lambdas, o bien este fenómeno necesita ser supervisado.

Así pues, el aprendizaje por refuerzo positivo ha tenido un éxito desigual, pero es un buen aliado. Más allá de este éxito, ¿cómo funciona? La idea es dar a una IA un entorno, por ejemplo un juego, y un objetivo, como ganar la partida lo antes posible. La IA probará entonces toda una serie de trucos. Cuando consigue un resultado que los desarrolladores consideran correcto, recibe una recompensa. Si falla, tiene una penalización. Esta combinación de palo y zanahoria le ayuda a mejorar. Es lo que llamamos "exploración". Así es cómo la IA aprende.

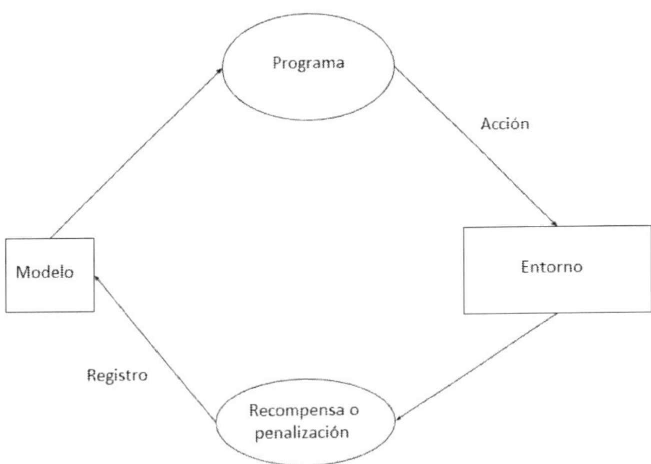

A la fase de exploración le sigue la de "explotación". Es el momento en el que, por el contrario, se aprovechan los conocimientos que la IA ha acumulado. A menudo, la IA conserva cierto grado de exploración para progresar. Se trata de ajustar el cursor para obtener un software que siga mejorando sin dejar de ser eficaz.

4. Aprendizaje por transferencia

Un último tipo de aprendizaje del que merece la pena hablar es el aprendizaje por transferencia. Complementa a los demás, en particular al aprendizaje supervisado que hemos mencionado antes. Hoy en día, con la IA, resolvemos problemas cada vez más complejos. Así que podemos construir IA basándonos en lo que otros han desarrollado.

En el caso del retoque fotográfico, el programa detecta cuerpos humanos. Eso es lo que lo hace especial. Pero es seguro que partió de un modelo que ya era capaz de distinguir ciertas formas, como coches o gatos. A ello añadió algunos datos de entrenamiento para especializar la aplicación en el reconocimiento humano. El resultado es lo que conocemos hoy.

El aprendizaje por transferencia significa que los programadores toman modelos preentrenados y los ajustan para alcanzar el objetivo concreto que tienen en mente.

Este es un mapa general de los distintos tipos de aprendizaje automático. No todos son igual de potentes. Recordemos que casi todos se basan en métodos supervisados, y que otras tecnologías completan el cuadro.

C. Las redes neuronales

1. Cómo funcionan las redes neuronales

Julie nos habla del concepto de redes neuronales. Hemos oído hablar mucho de ellas como la respuesta mágica a todos nuestros problemas. Por fin, la solución a la IA fuerte estaba ahí. Con este concepto también viene el concepto de aprendizaje profundo. Como siempre, no hay nada de ciencia espacial en estas teorías, y para demostrarlo echemos un vistazo a lo que hay detrás de ellas y lo que podemos esperar de ellas.

Hemos dicho que las IA generan un modelo. A partir de este modelo pueden llevar a cabo la fase de inferencia. Este modelo es, de hecho, una función.

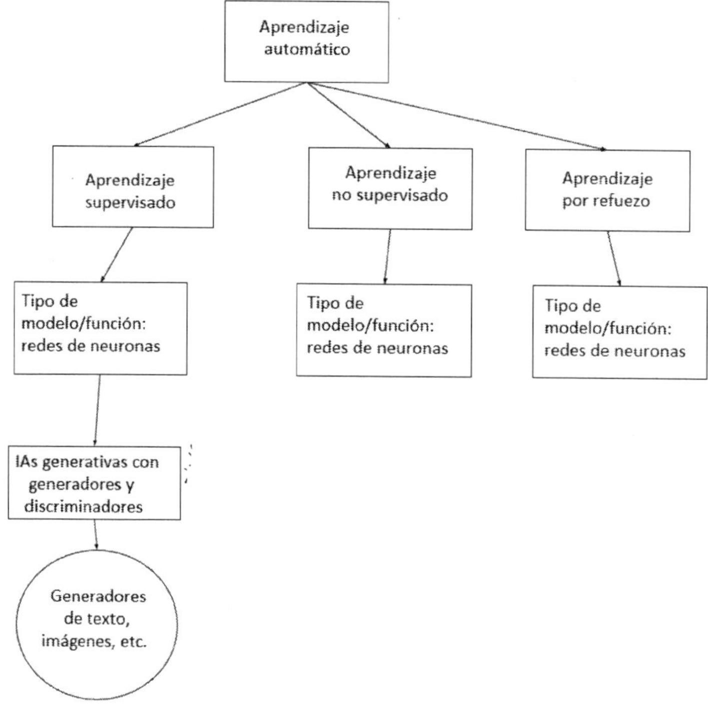

Recordemos esta afirmación: un modelo es una función en el sentido matemático del término, es decir, una fórmula que puede reutilizarse en varios contextos. La particularidad es que no se trata sólo de números, sino también de proposiciones.

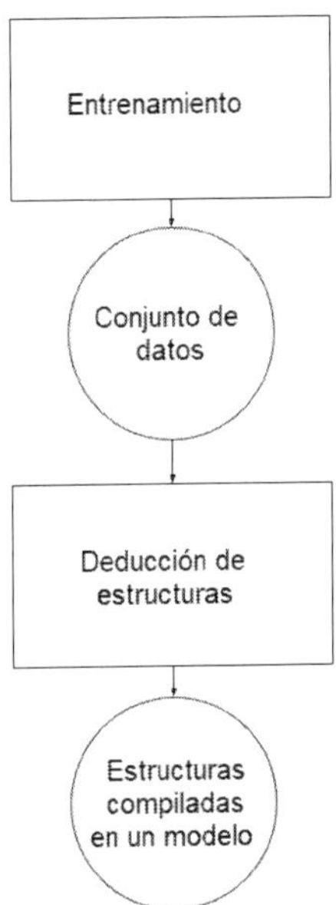

Dado que las realidades son múltiples y complejas, existen diferentes formas de función. Sin embargo, el principio que subyace a su construcción sigue siendo el mismo: leer una gran cantidad de datos y agregarlos en una función.

Los expertos llevan mucho tiempo intentando representar nuestros conocimientos imitando lo que ocurre en nuestro cerebro o nuestra forma de razonar. Una función famosa que aún se utiliza mucho es el árbol de decisión.

Tiene esta forma:

Si dos piedras son atari, ¿pueden los blancos formar dos ojos?

- *En caso afirmativo, ¿hay posibilidades de ganar?*
  - *En caso afirmativo, adelante.*
  - *Si no, prueba otro movimiento.*
- *Si no, no continúes.*

A primera vista, podría pensarse que este árbol de decisión es un sistema experto con reglas claramente establecidas. Sin embargo, no es así. Es el programa el que adivinará esta estructura. Nadie la escribirá directamente. El sistema es siempre un sistema de aprendizaje. El propio programa aprende las ramas y ramificaciones que resultan del proceso de aprendizaje.

Estos árboles de decisión no sirven para todas las situaciones. Son demasiado simples y no abarcan nuestras enrevesadas realidades. Hay otras funciones que se parecen al árbol de decisión. Satisfacen muchas necesidades, pero suelen ser limitadas.

Aquí es donde nuestro gran héroe viene al rescate: la red neuronal artificial. Se trata de un tipo de función del mismo modo que el árbol de decisión y, por tanto, de un modelo.

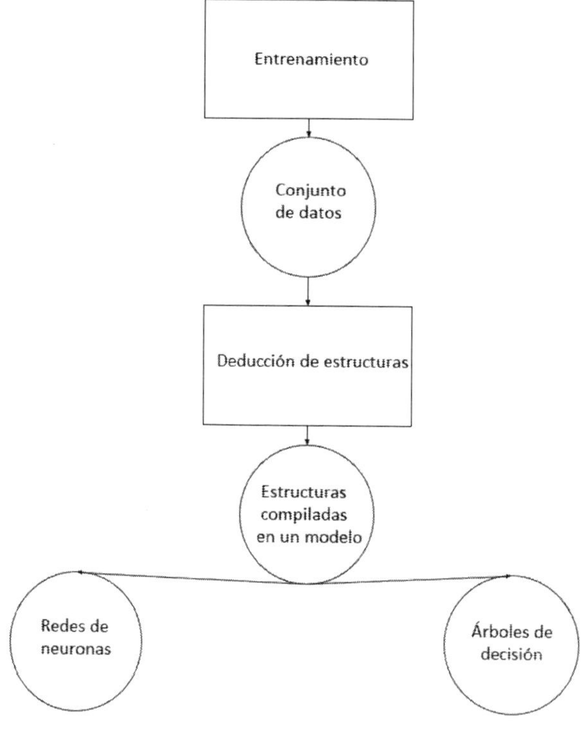

El objetivo original de la red neuronal era imitar el funcionamiento de nuestro cerebro. Diferentes neuronas se conectan en serie y en paralelo. En función de la información recibida, la activarán o la dejarán pasar.

Detengámonos aquí en la metáfora que extraemos de la biología. Las redes neuronales artificiales están muy lejos de encarnar lo que ocurre en nuestra corteza cerebral. Una representación de una neurona real sería ésta:

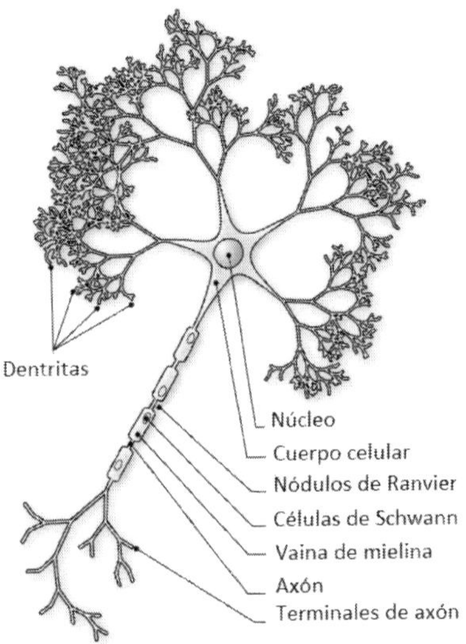

Wikipedia: https://upload.wikimedia.org/wikipedia/commons/thumb/1/19/Neuron-figure-es.svg/400px-Neuron-figure-es.svg.png

Lo que ocurre en el aprendizaje automático es más bien lo siguiente:

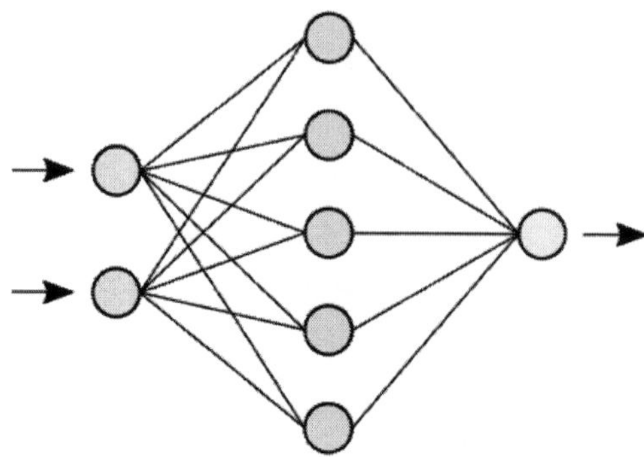

Wikipedia: https://upload.wikimedia.org/wikipedia/commons/thumb/3/3d/Red_neural.svg/440px-Red_neural.svg.png

Aunque resulte difícil entenderlo todo a primera vista, la diferencia es significativa. Algunos expertos prefieren llamar "unidades" a las neuronas artificiales. De este modo, evitan confusiones.

Sin entrar en todos los detalles, en los que entraremos en el próximo capítulo, las redes neuronales son una función, un modelo. También podríamos hablar de una ecuación que hay que resolver. Para que te hagas una idea, aquí tienes la forma de una red neuronal en lenguaje matemático simplificado: (a por b + x) por (c por d + y).

En realidad, la fórmula es mucho más compleja, pero estará de acuerdo en que está muy lejos de lo que podría ocurrir bajo nuestros cráneos. Recordemos las palabras de John McCarthy, la primera persona que pronunció la expresión "inteligencia artificial": no tiene sentido intentar reproducir el comportamiento biológico. Basta con imitar el resultado, igual que las alas de un avión imitan el vuelo de un pájaro sin tener las características de éste.

2. Aprendizaje profundo

¿Y el aprendizaje profundo? Decíamos antes que los dos conceptos, redes neuronales y aprendizaje profundo, estaban relacionados. Esto es cierto y falso al mismo tiempo. Una red neuronal funciona por capas. Esto significa que es una fórmula muy sofisticada con muchos elementos que se calculan sucesivamente. Cuantos más cálculos se realicen, más compleja y profunda será la red neuronal y, en general, más difíciles serán los problemas que pueda resolver. Sin embargo, si tienes una red neuronal de una sola capa, no estás haciendo aprendizaje profundo.

Así, aparte de las redes neuronales, todas las demás funciones entran en la categoría de "aprendizaje superficial", mientras que sólo la red neuronal puede entrar en la categoría de "aprendizaje profundo".

3. Esperanza para las redes de neuronas

Entonces, ¿qué podemos esperar de estas redes neuronales? Una vez que nos deshacemos de algunas fantasías de creaciones artificiales a lo Frankenstein, en realidad mucho. Herramientas como ChatGPT o la aplicación de edición de imágenes de Soraya son sin duda fruto de su desarrollo. En general, es gracias a las redes neuronales que hemos ampliado las capacidades de la inteligencia artificial, lo que incluye el habla, la capacidad de producir el propio habla, de leer texto, de generar texto, etcétera. Muchos dispositivos siguen funcionando sin ella, pero esta tecnología es ahora la más potente.

Existen varias formas de aprendizaje: supervisado, no supervisado, de refuerzo y de transferencia. Pero, ¿dónde encajan las redes neuronales en todo este lío? La respuesta es: ¡en todas partes!

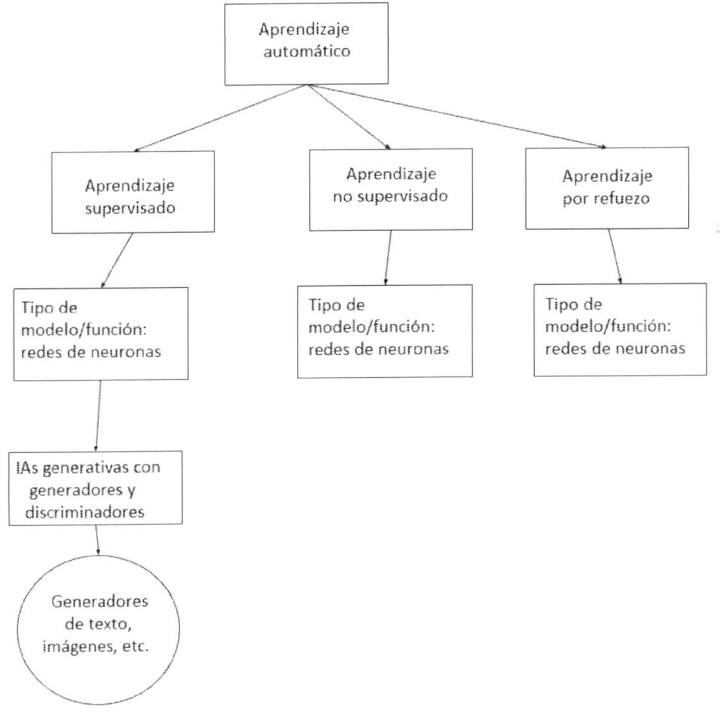

Las redes neuronales son un ingrediente que permite hacer realidad todas las formas de aprendizaje por las que hemos pasado. La combinación de aprendizaje supervisado y redes neuronales conforma un todo que está presente en las aplicaciones más de moda del momento.

D. Los motores de recomendación

1. Objetivos de la recomendación

En la misma línea, la famosa Julie, a la que Soraya mira con ojos asustados, habla de los motores de recomendación. Ya hablamos un poco de ellos cuando Soraya buscaba un programa en Netflix. Veamos más de cerca los principios que rigen este campo y cómo se relacionan con el mundo más amplio del aprendizaje automático y la inteligencia artificial.

El objetivo de un sistema de recomendación es ofrecer contenidos personalizados. Para ello, intentará predecir lo que una persona habría visto, escuchado o leído antes. ¿Qué sentido tiene sugerir una acción que el usuario iba a hacer de todos modos? Esto es lo que hace que los motores de recomendación sean tan especiales en el ecosistema de la inteligencia artificial. Tienen que añadir un pequeño grano de sal que les hace impulsar contenidos a alguien que no habría pensado en ellos. También facilita las cosas. Puede que un espectador no tenga paciencia para buscar en el vasto catálogo de Netflix durante diez minutos. Ponerle delante una serie interesante le evita ir a la competencia, que le ahorraría ese tiempo y esfuerzo.

2. Cómo funcionan las recomendaciones : enfoque basado en el contenido frente al enfoque colaborativo

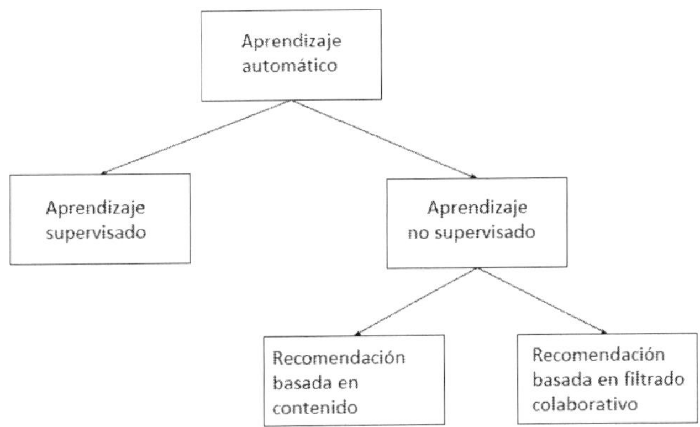

Existen dos formas principales de crear sistemas de recomendación. La primera se basa en el enfoque del contenido. Tomemos el caso de la biblioteca. Entre la masa de libros, hay muchos grupos posibles: ciencia ficción del siglo XIX, romántica para jóvenes adultos o libros de informática para desarrolladores. Estos grupos pueden convertirse en la base de las recomendaciones. Por ejemplo, podrías sugerir libros de la misma categoría a alguien acostumbrado a devorar historias de inteligencia artificial. Alguien que haya leído Musso leerá Levy. Alguien que haya leído todas las obras de Levy leerá la que sale hoy. Este método tiene la ventaja de ser claro y fácil de explicar. Utiliza técnicas como la partición de datos con aprendizaje no supervisado.

Otra forma de hacerlo no se basa en información determinista, sino en el comportamiento de las personas. Es un enfoque colaborativo que ya utilizamos de forma natural en nuestras vidas. Supongamos que Nico, el amigo de Soraya, toma prestada la novela de ciencia ficción *¿Sueñan los androides con ovejas eléctricas?*, de Philip K. Dick, y el cómic romántico *El azul es un color cálido*, de Jul' Marcoh. Soraya es una gran admiradora de este último, pero nunca ha leído el primero. Aunque los dos libros son bastante diferentes, ¿no podría Nico sugerirle el segundo basándose en que tienen gustos similares? Es lo que hacemos todos los días. Cuanto más intereses tiene un amigo en común con nosotros, más compartimos con él lo que hemos leído, hecho o escuchado.

El sistema de recomendación utilizará el mismo principio, pero con matemáticas y código. La IA también puede completar su entrenamiento alimentándose de las interacciones con los usuarios. Si los usuarios valoran mal el contenido que tienen entre manos, esto puede servir para guiar a la IA.

Antes, Soraya se preguntaba qué parte de sí misma escrutaba Netflix para servirle una serie que pudiera gustarle. Respondamos ahora a esa pregunta. El sistema de recomendación se basa en los vídeos que ella ya ha visto y en los que han consumido otras personas. Al comparar los historiales de todos los espectadores, el software es capaz de entretejer vínculos que registra en un modelo. El sistema también puede alimentarse con información como las búsquedas realizadas, el tiempo pasado en determinadas páginas, etc. A partir de ahí, propone a Soraya los programas que pueden gustarle.

3. Recomendación de cilindrada

¿Qué podemos esperar de los motores de recomendación? ¿Qué objetivos persiguen? Su finalidad es doble. El primero, bastante virtuoso, es ayudar a los consumidores de la plataforma a encontrar el contenido que buscan. Por ejemplo, en una biblioteca hay muchos libros para elegir: desde los más clásicos a los más modernos, pasando por el manga y todo tipo de obras. Por ejemplo, la biblioteca multimedia Cabanis de Toulouse contiene 337.000 documentos. Es difícil orientarse y saber qué elegir. También es difícil para los bibliotecarios controlar toda esta información. Agruparlos por categorías ayuda. Incluso los consejos limitados del personal son bienvenidos. Pero, ¿no estaría bien disponer de una oferta personalizada que se adapte a nuestras necesidades sin tener que molestar a un ser humano, algo que a algunas personas tímidas les cuesta hacer? Además, todos tenemos material de lectura con el que no nos sentimos cómodos. Entregar parte de nuestra investigación a un ordenador puede quitarnos parte de esa culpa. Estos sistemas son aún más útiles en plataformas como Netflix, donde no se puede encontrar a nadie que nos oriente en la dirección correcta. Todo está informatizado. El único consejo que puedes dar a un espectador es a través de la interfaz.

Reconozcámoslo, el segundo objetivo de los motores de recomendación es económico. Soraya recuerda que una biblioteca es un servicio público. Y, sin embargo, cuantos más abonados tiene, más dinero ingresa. Además, el ayuntamiento ayuda a la biblioteca. Asigna su presupuesto en función de varios criterios. Uno de ellos es el número de lectores, otro el número de libros prestados al año. La biblioteca podría recibir más subvenciones, tener un catálogo más amplio y más personal si atrajera a más personas y les prestara más documentos. Esta necesidad es aún mayor para sitios como Amazon o Netflix. Estas plataformas pretenden dos cosas: hacernos consumir más y fidelizarnos. En ambos casos, esto significa ingresos adicionales. O compramos nuevos productos, o continuamos nuestra suscripción.

4. Límites de los motores de recomendación

Los motores de recomendación son, por tanto, una aplicación del aprendizaje automático del mismo modo que la IA generativa. Hemos visto lo que pueden hacer y hemos desvelado algo más sobre lo que ocurre entre bastidores. Veamos ahora sus limitaciones.

El primero es el de Soraya, que se siente espiada cuando ve Netflix. Si bien es cierto que todos sus datos son examinados con lupa, no hay que olvidar que todo lo hace un programa informático. En otras palabras, nadie en particular está mirando su historial de consumo. Puede estar tranquila. Gracias al Reglamento General de Protección de Datos (RGPD), Soraya también puede retirar su consentimiento a una oferta personalizada, lo que significa que en los datos de su cuenta puede marcar una casilla del tipo "No deseo que mis datos se utilicen con fines de personalización" y dejará de recibir recomendaciones. Esta afirmación debe matizarse por el hecho de que algunas empresas, por su cuenta y riesgo, no cumplen el RGPD.

Pero, ¿son seguros los motores de recomendación? El principal problema que se les reprocha es su tendencia a encerrar a la gente en un único universo. En sí mismo, podría decirse que no es un problema muy grave. A los aficionados a la ciencia ficción se les ofrecerían constantemente contenidos de este tipo, pero ¿y qué? El problema reside en el acceso a la información. Ante la diversidad de la Red, podemos caer en la tentación de consumir sólo lo que nos interesa, pero eso también significa vivir en una burbuja y no confrontar nuestro punto de vista u opinión con los demás. Los expertos trabajan para contrarrestarlo. Al principio explicábamos, por ejemplo, que el objetivo de un sistema de recomendación es predecir lo que la persona habría visto, leído, escuchado o comprado, lo cual no es muy útil. Por eso la idea es añadir algo de ruido para que no se pierda nada. Si la primera sugerencia es *Frankenstein o Prometeo moderno*, de Mary Shelley, el programa elige una obra parecida pero no igual, por ejemplo *La Eva futura, de*Villiers de L'Isle-Adam, menos conocida pero que también trata de una criatura artificial y un científico loco. Una vez más, estas comparaciones son matemáticas y se hacen en función de las características notables del libro o de los antecedentes de los lectores. La introducción del azar se basa en un concepto conocido como "serendipia".

Otro problema de los motores de recomendación que subraya Soraya es su capacidad para captar la atención. Aunque no haya ninguna intención diabólica detrás de estas aplicaciones, a menudo existe el deseo de mantener a la gente con el servicio que se ofrece. Hay que ver más vídeos, ingerir más libros, etc. Esto también puede significar atraer a más consumidores. El ayuntamiento puede querer más abonados. Podría pensarse que, en el caso de una biblioteca, no es para tanto. La cultura es sana, es buena, nadie se muere por ella. Pero, ¿qué pasa con plataformas como Netflix o Instagram? ¿Es razonable pasarse cuatro horas al día viendo historias? Son muchas las investigaciones que analizan esta cuestión, pero aún no se ha alcanzado un consenso científico.

En caso de duda, algunas aplicaciones envían un mensaje a los usuarios que consumen demasiados contenidos. Hay que tener en cuenta que la IA y la recomendación no tienen el monopolio de la hiperatención. La gente puede arruinarse en el casino, por ejemplo.

Ya existen motores de recomendación de libros. Me viene a la mente Amazon, uno de los maestros en este campo. Este concepto también está llegando a las bibliotecas, con el proyecto Babelthèque en particular: una extensión del sitio web Babelio, que es una plataforma francesa de recomendación y reseñas de libros.

Volveremos sobre los motores de recomendación a lo largo del libro. Por ahora, nos queda explorar los caminos de la inteligencia artificial para comprenderlos mejor.

E. Los coches autónomos

1. ¿Están los coches autónomos a la vuelta de la esquina

Soraya vuelve a casa del trabajo cuando se encuentra con un Tesla. Este encuentro la hace pensar en los coches autónomos, es decir, vehículos capaces de prescindir de un conductor. Incluso piensa en una aplicación de la que ha oído hablar: los taxis sin conductor. ¿Y este mundo? ¿En qué se basa y qué podemos esperar de él?

Varias empresas están trabajando en estos sistemas, entre ellas Tesla, que ya hemos mencionado, así como General Motors y Uber. Navya, en la ciudad francesa de Lyon, lo ha probado. Durante varios meses, fue posible seguir parte de las orillas del Saona en un minibús. ¿Maravilloso? Pues no. Navya se declaró en quiebra. Fin de la aventura.

En realidad, subir a los vehículos de la empresa significaba hacer un viaje largo y lento, con paradas inesperadas. En cuanto a la idea de taxis sin conductor, estábamos muy lejos de ella, ya que en realidad una persona supervisaba todo lo que hacía el coche e incluso tomaba el control del mismo en determinados momentos. Es lo que cínicamente podríamos llamar un conductor. ¿Significa esto que todo está perdido en este campo? No con seguridad. En 2023, Uber firmó una alianza con Waymo y relanzó el negocio que antes había abandonado. Entonces, ¿podremos prescindir algún día de los humanos para conducir? En mi humilde opinión, no. O, en todo caso, nunca en un contexto no controlado. Nos referimos al uso real en una ciudad abarrotada, con peatones cruzándose por todas partes o con encuentros inesperados. Luc Julia, el cocreador de Siri, explica mejor por qué. Da dos razones. En primer lugar, la IA carece de algo que sólo posee un humano: poder de negociación. Cuando estás atascado en un cruce, te comunicas por gestos o incluso verbalmente para seguir avanzando. De hecho, en ese momento, ya no respetas el código de circulación porque necesitas ir más allá.

Eres capaz de improvisar, algo que la IA no puede hacer. A continuación, Luc Julia informa de un fallo bastante curioso. Si pasas junto a un coche autónomo con una señal de STOP, se detendrá. Ha aprendido a reconocer las señales de prohibición y obligación en determinados contextos. Una IA se pierde rápidamente cuando se encuentra con algo que no le han enseñado. Un ser humano, en cambio, tiene esta capacidad en su cesta. Así que es fácil encontrar una salida.

Pero maticemos esta afirmación. Quizá si todos los vehículos estuvieran equipados con IA y la propia ciudad lo estuviera, los coches autónomos podrían marcar la diferencia.

2. El problema de los accidentes con coches autónomos

Otros apuntan al problema de los accidentes. Los coches autónomos se basan en los mismos principios que las IA que hemos visto hasta ahora: estadística, aprendizaje supervisado, acumulación de datos con fines de entrenamiento. Por tanto, cometerán errores; está en su naturaleza, como ya hemos explicado. Quizás podamos obtener IAs que en un contexto produzcan menos errores que una persona. De hecho, esto es posible en el caso de los tractores de campo, por ejemplo. Podríamos pensar que eso es suficiente para utilizarlas. Pero aunque una IA genere menos incidentes que un humano, ¿qué hacemos si algo sale mal? ¿Quién tiene la culpa? Si ya no hay conductor, no se le puede responsabilizar. Entonces, ¿la culpa es de la empresa de vehículos? Es una pregunta difícil de responder, que plantea cuestiones tanto jurídicas como morales.

3. Un campo que, sin embargo, ha progresado

Entonces, ¿está todo perdido? No, probablemente no. Aunque nunca consigamos fabricar un coche autónomo, hay que admitir que los vehículos son mucho más cómodos y asistidos que hace unos años. Por ejemplo, el hecho de que algunos coches reduzcan la velocidad cuando se acercan a un obstáculo es un gran avance. La investigación nos ha permitido, al menos, lograr este tipo de avances.

F. Limitaciones generales, técnicas e inherentes a las IA

1. Las IAs son programas especializados

Hemos analizado una serie de casos de uso y nos hemos preguntado por sus capacidades, por el futuro que prometen, pero también por sus limitaciones. Lo hemos visto en detalle en una serie de aplicaciones. Veamos ahora los límites generales de la IA.

En primer lugar, las IA del mundo real son especializadas. Esto significa que no existe un sistema completo. Incluso ChatGPT sólo se centra en un área concreta. En comparación, los humanos somos IA generales. Puede que no seamos tan buenos como ChatGPT resumiendo textos, pero además de esta capacidad, podemos recomendar un libro a un amigo o conducir un coche. También tenemos un cuerpo que nos permite movernos.

2. La IA se basa en estadísticas

Otra limitación es que las IA actuales se basan en la estadística, lo que las convierte en sistemas probabilísticos que siempre se equivocarán. A fin de cuentas, lo mismo ocurre con las personas. Y en muchos casos, esto no es necesariamente grave. El problema es más grave en contextos médicos o jurídicos, por ejemplo. Nuestra sociedad necesita culpar a alguien cuando algo sale mal.

Al igual que con los coches autónomos, la cuestión es si preferimos veinte muertes al año como resultado de un error humano con un culpable identificado, o cinco como resultado de la IA sin nadie a quien culpar. Es más, antes de llegar a esta cifra de cinco, puede ser necesario empezar con cuarenta para dar tiempo a la máquina a aprender. Nótese que todas estas cifras son teóricas.

3. Las IA carecen de transparencia

A estos programas se les llama a veces cajas negras porque no se entienden y es difícil abrir el capó como hicimos con los sistemas expertos. No hay más brujería en estos programas que en la estadística. Pero es cierto que la estadística es compleja y que aplicarla a tantos datos hace cada vez más difícil comprender el conjunto. En el fondo, si no podemos entender la IA, pero nos ayuda, ¿no es suficiente? Sí y no. En muchos casos, no hay nada en juego, o al menos no debería haberlo. El hecho de que la construcción de ChatGPT y los métodos utilizados para llegar a sus resultados se nos escapen no debería importar. El modal "debe" se utiliza porque aún debemos ser conscientes de las limitaciones de ChatGPT y no caer en la alucinación. Esto es más complicado en el caso de los coches autónomos o el diagnóstico.

Pero hay formas de salir de la oscuridad. Existe todo un campo de la inteligencia artificial llamado "explicabilidad". Su objetivo es hacer inteligibles estos sistemas. En este campo coexisten diferentes métodos dirigidos a distintos públicos. Por poner un ejemplo, cuando ves en Netflix o en tu plataforma de streaming favorita las palabras "Porque te ha gustado X, te recomendamos Y", eso ya es el principio de una explicación. Ya sabes por qué recibes tal o cual propuesta. La explicabilidad también va dirigida a los propios desarrolladores. Para construir un sistema, a veces es útil entender un poco sobre él.

4. Las IAs necesitan muchos datos

La complejidad de estos sistemas y sus límites a la transparencia radican también en que se basan en una gran cantidad de información. Los datos son su combustible, y las IA son codiciosas. Luc Julia explica que para reconocer un gato en una imagen, una IA tiene que ingerir cien mil datos. En comparación, tres son suficientes para un niño. El delta es enorme y hay que recuperar esos datos. Algunos proceden de la Web, pero no siempre. Si intenta distinguir entre perros y gatos, encontrará lo que busca en Internet. En cambio, si intenta establecer la diferencia entre paneles solares térmicos y paneles fotovoltaicos, probablemente tendrá que ir un poco más lejos para conseguir el alimento para su IA. Se necesita un gran volumen de datos, y deben ser relevantes para tu contexto. Una dificultad añadida es que los datos deben ser de buena calidad. La Web es una mina de información que hay que clasificar y seleccionar en función de las necesidades de las IA. No todo es directamente utilizable.

5. Las IAs necesitan una gran capacidad de cálculo

Además, como las IA utilizan grandes volúmenes de datos, también necesitan grandes capacidades informáticas. Los ordenadores actuales han avanzado mucho. Por ejemplo, nuestros teléfonos móviles son potentes para su tamaño. Pero las IA son voraces. ChatGPT debe parte de su éxito a que pudo entrenarse con un gran lote de datos buscando la mejor red neuronal posible. Se calcula que entrenar a ChatGPT costó doce millones de dólares. Hacerlo funcionar día tras día costaría otros setecientos mil dólares diarios. Sólo un pequeño número de empresas puede permitirse este tipo de gasto. Quizá dentro de unos años las IA sean menos codiciosas. Pero si queremos verlas progresar, de momento hay pocas soluciones. No todas las inteligencias artificiales requieren tanta infraestructura y potencia de cálculo. También hay modelos más modestos que funcionan en nuestros terminales, como nuestros relojes, y que dan resultados menos buenos, pero suficientes. En otras palabras, dependiendo de nuestras ambiciones, la IA estará más o menos limitada por su apetito.

6. Los humanos y la IA actual

Si comparamos los límites de una IA con los de una persona, es difícil imaginar que una IA, o al menos una sola, pueda sustituirnos. La IA general sigue siendo teórica. Un ser humano, en cambio, sabe hacer más de una cosa, sabe explicar sus razonamientos, no necesita ver cien mil fotos de gatos para reconocer uno y no cuesta setecientos mil dólares al día. Asimismo, los seres humanos saben improvisar y no necesitan decenas de desarrolladores para nacer y existir.

Las IA tienen limitaciones inherentes. Sin embargo, están progresando y encontrando soluciones para alcanzar sus objetivos. Es difícil predecir lo que nos deparará el mañana. Lo que podemos decir con un 99% de certeza (por decirlo como una IA) es que no dominarán el mundo, y de nuevo no con las tecnologías actuales. El futuro no nos depara un planeta con androides corriendo por las calles.

G. En pocas palabras

- Las IA actuales se basan en el aprendizaje automático. Existen varios tipos de aprendizaje automático, con distintos grados de éxito. El aprendizaje supervisado sigue siendo el rey de todos ellos, aunque se hayan añadido otros. Es el que crea los mejores programas y en el que podemos depositar más esperanzas.
- Las redes neuronales, de las que hablaremos con más detalle más adelante, han sido muy populares en los últimos años, y por una buena razón: gracias a ellas tenemos aplicaciones como ChatGPT. Han aumentado las capacidades de la IA. El reconocimiento visual, por ejemplo, se simplifica con estos sistemas. No cabe duda de que nos darán otras IA con prestaciones interesantes.
- Los motores de recomendación son una de las áreas de la inteligencia artificial con las que nos encontramos más a menudo. Aunque pueden ayudarnos a encontrar el contenido que nos gusta, también tienden a encerrar a la gente en burbujas. Sus resultados y lo que podemos esperar de ellos son, por tanto, dispares.
- Los coches autónomos han sido el material de los sueños. Aunque parece difícil que una IA conduzca nuestros vehículos el 100 % del tiempo, hay que reconocer los avances logrados, como frenar ante un obstáculo.
- Las IA tienen muchas limitaciones que, en cierto modo, las hacen menos poderosas que los humanos. Aunque son capaces de superarnos en áreas especializadas, ninguna de ellas puede imitar perfectamente a una persona real.

Las IA son muy prometedoras. Si bien es cierto que esta disciplina está aumentando nuestras posibilidades y evolucionando rápidamente, no debemos temer que tome el control sobre nosotros. Eso no significa, sin embargo, que no tengan ni vayan a tener un impacto en nuestras empresas y nuestras sociedades.

Hemos visto de dónde viene el concepto de inteligencia artificial, su historia hasta nuestros días, las expectativas que conlleva y las que no cumplirá. Nos asomamos a las tripas de la IA: código, estadísticas y muchos datos. Acompañados por Soraya, conozcamos a Nico y adentrémonos en el mundo de los desarrolladores que crean las IA para comprenderlas mejor y avanzar en nuestra forma de pensar.

Parte 2 - La construcción de las IA desde la perspectiva de los desarrolladores y desarrolladoras

Capítulo 2-1
La IA donde convergen la informática y las matemáticas: ¿qué la compone?

A. La historia de Soraya y la IA

— Necesito ayuda exclamó Soraya al entrar en casa de Nico y dejarse caer en el sofá.

Nico, sentado a su lado, clavó en ella unos ojos preocupados. Soraya no sabía por dónde empezar.Quizá por Julie. Sí, eso estaba bien.

— Una mujer llamada Julie acaba de llegar a la biblioteca. Quiere poner IA en todas partes, y su equipo de asesores se unirá a nosotros mañana, pero...

La voz de Soraya se quebró.

— ¿Sustituirá la IA a los trabajadores?

Nico se pasó una mano por el pelo y respondió con calma:

— Las IA ya han sustituido a los trabajadores.

Soraya tragó saliva y continuó:

— Sí, pero ¿me sustituirán a mí?

Animada por la mirada de Nico,su tono se volvió más suave:

— Enséñame todo lo que sepas.Al fin y al cabo, es tu campo.

Nico cogió una hoja de papel y un bolígrafo. Los colocó en la mesita frente a Soraya y empezó a dibujar cuatro recuadros. En el primero, escribió "Datos" y dio unos golpecitos sobre él con el dedo:

— Esto es el centro de todo. Sin datos, no hay nada que hacer. La gente con la que vas a trabajar ingenieros de datos, científicos de datos o incluso tu jefa de proyecto, Julie van a intentar absorber toda la información que tengáis. Os pedirán toda la base de datos, los libros, los registros de usuarios, todo:

— Pero ojo. No podéis extraer información de los lectores sin su consentimiento.

Soraya asintió con la cabeza. Había oído hablar del Reglamento General de Protección de Datos.

En el segundo recuadro, Nico colocó la palabra "Aprendizaje".

— Por muy buena que sea, tu IA no es más que un montón de código y fórmulas matemáticas explicó. Hay que enseñarle lo que debe saber. Se trata de construir un modelo que se aproxime a la realidad. Pero cuidado, un modelo nunca podrá representarla con total precisión. Hay un dicho: todos los modelos son falsos, pero algunos son útiles.

Soraya bajó la cabeza mecánicamente. Todos los modelos son falsos, pero algunos son útiles.

— ¿Y los otros dos recuadros? preguntó Soraya.

— Bueno, ahora que tienes el modelo, puedes empezar a usarlo. Aquí es donde ocurre la magia.

Soraya señaló con el dedo el tercer recuadro, en el que se leía ***"Inferencia"****.*

— A ver si lo he entendido dijo. Una IA, como ChatGPT o el sistema de recomendaciones de Julie, primero aprende a partir de datos y luego genera una respuesta en función de lo que ha aprendido, ¿es así?

Un sonido de notificación interrumpió la conversación. Nico sacó el móvil y respondió a la llamada.

Mientras tanto, Soraya observó la hoja. La última caja seguía en blanco. Las explicaciones de Nico habían quedado a medias.

Cuando colgó, se disculpó.

— Tengo que ir a recoger a mi novia. Le han cancelado el tren.

— Nos vemos pronto respondió Soraya.

— Ah, por cierto, ¿podrías darme más detalles sobre lo que opinas del generador de historias?

Soraya se quedó pensativa. Para ella, estaba claro que su amigo le había gastado una broma. Tal vez de mal gusto, dadas las circunstancias, pero una broma al fin y al cabo. Aunque ahora dudaba. ¿Cómo había conseguido la IA contarle aquella historia? Incluso después de las explicaciones de Nico, todo seguía siendo un misterio para ella.

Recogió sus cosas y se marchó. Se iba con más información que cuando llegó, sí, pero con la misma sensación de inquietud.

B. Diferentes profesiones, diferentes especialidades para construir la IA

1. Varias profesiones relacionadas con la IA

Soraya estaba confusa con las explicaciones de Nico. Su amigo menciona los puestos de ingeniero de datos y científico de datos. Luego le da a Julie el título de gestora de proyectos. Aquí se disputan el puesto varias profesiones, lo que demuestra que se necesitan varias especialidades para construir una IA. Echémosles un vistazo para entenderlas mejor y descubrir a las personas que trabajan en las aplicaciones que utilizamos a diario. Al mismo tiempo, entremos en el laboratorio de la IA.

Antes de hacerlo, conviene recordar que las definiciones de los puestos de trabajo que vamos a exponer se aplican al mundo de la empresa y de la investigación. Pero ello no impide que cada empresa tenga su propia visión de cada puesto de trabajo.

2. El científico de datos

Empecemos por el científico de datos. En los últimos años, esta profesión ha tendido a considerarse una de las más atractivas que existen. En 2012, *la Harvard Business Review* la calificó como el "trabajo más sexy del siglo XXI". A veces procedentes de las matemáticas, los científicos de datos son muy similares a los matemáticos. Se centran principalmente en los aspectos estadísticos del aprendizaje automático. Analizan la información de que disponen y desarrollan el modelo que les permite extraer estructuras. En otra época, estas personas podrían haberse llamado "estadísticos". Por ahora, digamos que son estadísticos especializados en informática.

Guillaume Rozier es un ejemplo de científico de datos famoso. Si nunca ha oído hablar de él, sin duda ya ha visto su trabajo, pues fue retomado por estudios de televisión y por los propios miembros del gobierno durante la epidemia de Covid. Creó el sitio web CovidTracker para informar sobre la evolución de la enfermedad. Utilizó datos de organismos sanitarios para construir diagramas claros e instructivos. Guillaume Rozier fue designado asesor del Presidente Emmanuel Macron para la estrategia digital.

Con esta historia en mente, la profesión de científico de datos parece muy prometedora. Sin embargo, el trabajo públicamente conocido de Guillaume Rozier no incluye ningún sistema de aprendizaje automático. Esto demuestra que el trabajo puede ir más allá del diseño de modelos de inteligencia artificial.

Pero en el contexto que nos interesa, la IA, ¿qué hace un científico de datos? Busca los mejores datos, los clasifica y los analiza, lo que implica gráficos y exploración. Combinan y agregan información para producir nuevos datos de mayor valor. Por último, diseñan un modelo que pueda aplicarse a los datos.

"Todos los modelos son erróneos, pero algunos son útiles" es una frase pronunciada por Nico y atribuida a Georges Box, un estadístico que vivió entre los siglos XX y XXI. La realidad no puede encapsularse en una fórmula matemática, pero podemos intentar acercarnos a ella.

3. El ingeniero de datos

Una vez que el modelo está listo, hay que industrializarlo. Aquí es donde entra en juego el ingeniero de datos. Como su nombre indica, es la persona encargada de la parte de ingeniería. Menos conocido, pero igual de útil, es gracias a él que las aplicaciones que encontramos ven la luz. Es un poco como si el científico de datos dibujara los planos, mientras que el ingeniero de datos los utiliza para construir la casa. Es un experto en informática.

En realidad, hay muchas otras categorías además de estas dos.

Sin embargo, la ciencia de los datos y la ingeniería siguen siendo los pilares de la inteligencia artificial. Dos de las principales necesidades de la IA están vinculadas a estas áreas de especialización: la informática y las matemáticas.

C. Conocimientos informáticos y una mente científica

1. La mente científica, una habilidad codiciada

Así, más allá de las personas que crean la inteligencia artificial, las competencias movilizadas son las de la informática y la ciencia de datos.

Para la mente científica, esto significa ser capaz de profundizar en los trabajos de investigación para comprender el estado de la cuestión en un campo. Se trata de saber manipular los datos, y para eso hay todo un campo científico que ofrece respuestas, a menudo de naturaleza matemática y estadística.

Pero para llegar a estas respuestas es necesario asimilar el propio proceso científico. Por ejemplo, que un estudio demuestre que un fenómeno es cierto no significa que el caso esté cerrado. Es mejor comprobar los límites del propio estudio y compararlo con otros antes de precipitarse a dar una solución. Hay muchos escollos que hay que tener en cuenta cuando se quiere saber cuál es el consenso científico sobre un tema concreto.

Las personas que trabajan con datos se basan naturalmente en cifras para tomar sus decisiones. Pero eso no significa que necesiten pasar horas y horas inmersos en la investigación. Hoy en día, lo que se pide a los profesionales es que entiendan lo que están manipulando. En la práctica, los resultados de la investigación se cotejan al principio de un proyecto. Luego, el resto del tiempo se dedica a experimentar y desarrollar la solución matemática y estadística que se ha encontrado a partir de los datos y los trabajos de investigación.

2. Importancia y simplificación del desarrollo informático

A veces oímos: "Nunca podré dedicarme a la IA, no tengo ni idea de matemáticas". Aunque es cierto que es mejor tener una formación científica o, al menos, una mente para abordar este campo, hoy en día no es necesario ser un experto en la materia. A menos que trabajes para el laboratorio de investigación de Google, tus tareas ya están preempaquetadas. Aunque el trabajo de científico de datos ha tenido viento a favor, tiende a evolucionar para parecerse más al de ingeniero de datos.

En última instancia, la informática sigue siendo la habilidad más demandada. Por eso vemos cada vez más desarrolladores de todo tipo que integran ladrillos de inteligencia artificial en todo tipo de aplicaciones.

Desarrollar IA hace diez o veinte años era un auténtico quebradero de cabeza algorítmico. Había que construirlo todo. Si querías el sistema de aprendizaje automático más pequeño, tenías que programarlo casi desde cero. Por aquel entonces, los expertos pasaban horas y horas navegando por conceptos complicados.

Pero las cosas han cambiado. Esto se debe a varios factores. La aparición de herramientas listas para usar es uno de ellos. Los desarrolladores siguen codificando. Pero las expectativas de esta profesión están cambiando.

Los programadores necesitan comprender el entorno en el que se disponen a entregar su software. Por eso el equipo de Julie, la jefa del proyecto, visitará la biblioteca. Se interesará por el terreno para poder realizar su trabajo lo mejor posible. También elegirá las herramientas. Para ello, se basará en los datos disponibles. Y luego ajustará el dispositivo seleccionado, quizá mediante código.

El papel de los programadores de IA ha evolucionado. Codificamos menos, pero los programadores son tanto o más necesarios. A pesar de toda la automatización que se ha aportado a esta profesión, las necesidades son cada vez mayores. Lo que ocurre es que no esperamos lo mismo de alguien cuyo puesto no ha cambiado.

3. Democratizar las competencias

El aprendizaje automático es cada vez más accesible. La IA, que hace unos años era coto exclusivo de los científicos de datos, se está colando en las manos de usuarios cada vez menos expertos. Con el paso de los años, todo tipo de desarrolladores se están familiarizando con ella.

El mismo paralelismo puede establecerse con el uso de ordenadores en general. Hace cincuenta años, sólo las megacorporaciones disponían de ordenadores para llevar sus cuentas. En los años 1990-2000, el software para el público en general se hizo accesible. Fue el caso de Microsoft Excel, y luego de Google Sheets.

Las competencias se democratizan. Sin embargo, demos un paso atrás en esta observación. En primer lugar, todavía hay que codificar, lo que significa que no todo el mundo puede empezar a desarrollar una IA. En segundo lugar, el hecho de que algunas etapas se hayan simplificado no significa que ya no haya retos que superar a la hora de construir una IA.

D. Los datos, el combustible de un motor: combinar informática y matemáticas

1. La batalla por los datos

Estos científicos e ingenieros de datos tienen al menos una cosa en común en sus nombres: datos. También decimos "datos". Se dará cuenta de que llevamos hablando mucho de datos desde el principio del libro. Y con razón, como explica Nico, es la savia de la empresa. Es el tercer ingrediente, más allá de la mente científica y la ingeniería informática, y es sin duda el más importante en la inteligencia artificial.

En inteligencia artificial, un modelo débil con datos cualitativos compensa un modelo excelente con datos pobres. Para ilustrar este punto, tomemos el caso de la epidemia de COVID. Aparte del sitio CovidTracker, fue un periodo en el que se hizo un gran uso de la inteligencia artificial.

El aprendizaje automático supervisado (supervised learning) utiliza un entorno finito para predecir acontecimientos en otro. Un sistema puede extrapolarse para intentar predecir el futuro a partir del pasado. En el caso de la epidemia, esto equivale a intentar determinar su trayectoria a partir de la información ya adquirida y de un punto en el tiempo T.

Durante este periodo se han desarrollado varios sistemas, la mayoría de los cuales no han aportado respuestas interesantes. Y esto no se debe necesariamente a los modelos utilizados. Así que no se trataba de falta de conocimientos científicos o de ingeniería, sino de falta de datos. En aquel momento, lo que los expertos tenían en su poder eran datos sanitarios e información sociodemográfica sobre la población francesa e internacional. Eso ya es mucho, y aunque nos ayudó a comprender lo que estaba en juego, predecir el futuro resultó más difícil.

El problema radicaba en varios niveles. En primer lugar, los datos eran desiguales. No todos los países y hospitales compilaban sus cuentas de la misma manera. Esto puede observarse al comparar las muertes por COVID con el exceso de mortalidad. En segundo lugar, las cifras de infecciones y pérdidas se publicaban con distintos retrasos, lo que complicaba el cálculo final.

Antes de poder deducir el significado de la información, tenemos que ser capaces de reunirla en su totalidad y asegurarnos de que es verdadera. Esta es una de las principales tareas de la inteligencia artificial. Y además de todos los datos fragmentarios que encontramos durante COVID, había algunos que eran imposibles de retener: quién se pone la mascarilla y cómo, quién se lava las manos, si lo hace correctamente, etcétera. A esto se sumaba el hecho de que no teníamos mucha perspectiva de la situación.

Las IA no pueden hacerlo todo. Los datos no siempre son accesibles. A veces simplemente no existen. Sin embargo, los datos son la savia de la IA. Sin datos, nada puede suceder. Por eso Nico los encerró en su primera caja. Es gracias a su explosión en la Red que muchos de los llamados sistemas "inteligentes" han visto la luz. También es gracias a su mala calidad o a su inexistencia que muchos fracasan.

2. La dificultad de encontrar datos representativos

Los datos también deben ser representativos del entorno en el que opera la IA. Un ejemplo famoso es la diferenciación entre lobos y perros. A primera vista, es bastante fácil utilizar fotos para enseñar a una IA a distinguir entre ambos animales. En realidad, es más complicado. Las fotos de lobos que encontramos suelen estar tomadas en la nieve. Los perros, en cambio, aparecen delante de céspedes verdes. Así que es de esta característica de la que las IA tienden a aprender. Observan el fondo y consideran que esa es la diferencia entre las dos entidades.

Estas historias ilustran la importancia de los datos cualitativos en la IA, pues de ellos se alimenta.

E. En pocas palabras

- La IA se basa en la informática y las matemáticas. Por eso, a la hora de desarrollar la inteligencia artificial es necesario, en cierta medida, conocer estos campos.
- Hay muchas profesiones diferentes que giran en torno a la IA. Inicialmente, hay dos principales: ingenieros y científicos de datos. En la práctica, la situación es más compleja y, como cualquier profesión, estos dos roles tienden a evolucionar.
- Si utilizamos la palabra "datos" en todas partes, es porque los datos son la base sobre la que se construye toda la IA. Sin ellos, ningún sistema actual sería viable.

La informática desempeña un papel clave en la inteligencia artificial, pero ¿qué hacen realmente los desarrolladores en su día a día?

Capítulo 2-2
Enfoque en la informática: ¿cómo programar una IA?

A. La historia de Soraya y la IA

Cuando Julie apareció a la mañana siguiente con dos personas a su lado y los presentó como la"científica" y el "ingeniero" de datos, Soraya sintió un orgullo inmenso. Los conocimientos de Nico estaban dando sus frutos.

Julie tomó la palabra:

— Esta es Tania, que se encargará deprogramar las posibles nuevas aplicaciones. Y él es Max, nuestronuestro becario en ciencia de datos.

Tania saludó con la cabeza y Max, que parecía recién salido del colegio, sonrió.

Christophe dio unas palmadas.

— ¡Vamos, los usuarios llegarán pronto!

Soraya pasó dos largas y aburridas horas en el mostrador de préstamos y devoluciones antes de volver a la sala del personal. Tania se había sentado en una esquina del mostrador. Sus largos rizos ocultaban la pantalla. Soraya se inclinó sobre su hombro y descubrió una serie de jeroglíficos incomprensibles: el texto estaba lleno de corchetes y sangrías y contenía palabras en inglés como "if" y "while". Soraya abrió los ojos como platos. Estaba surgiendo una estructura:

```
def genera_recomendacion(lector):
if lector == lector_ha_prestado_antes:
             usa_modelo(lector)
else:
             devuelve_lista_por_defecto()
```

Soraya había visto código antes en revistas y televisión, pero nunca uno que pudiera costarle el puesto... o asegurarle una plaza fija.

Concentrada en los símbolos multicolores sobre el fondo negro,no se dio cuenta de que Julie se acercaba hasta que chocó de lleno con ella.

— ¿Estás bien? *preguntó Julie con una sonrisa,aun recuperándose del impacto.*

Sorayaintentó responder, pero no le salían las palabras. Su garganta estaba seca. Julie dio un paso atrás y su expresión se endureció.

— Supongo que sí.

Sorayase refugió en sus tareas. Pasó el resto del día, y de la semana, dándole vueltas a lo ocurrido. Max, Julie y Taniaiban y venían por la biblioteca, moviéndose alrededor del personal sin dirigirles la palabra.Christophe era el único con quien hablaban.

El equipo invasor deambulaba por las instalaciones como si ya fueran suyas. Y cuanto más pasaba el tiempo, más lejos veía Soraya la oportunidad de serles útil... y más se desvanecía su sueño de conseguir una plaza fija.

B. Lenguajes informáticos

1. Lenguajes de programación diseñados para humanos

Existen diferentes tipos de lenguaje informático. Algunos se ocupan de los datos, otros del procesamiento. Estos últimos se llaman "lenguajes de programación". Las líneas que ha visto Soraya proceden de uno de ellos. Un lenguaje de programación sirve para realizar acciones. Es un medio de comunicación con el ordenador, al que das órdenes utilizando este código.

Aunque parezca complicado y Soraya tenga dificultades para entenderlo, el lenguaje que observa está diseñado para ser legible por humanos. No es el código que interpreta directamente la máquina, ya que un compilador o un compilador lo traduce a un formato comprensible para el ordenador.

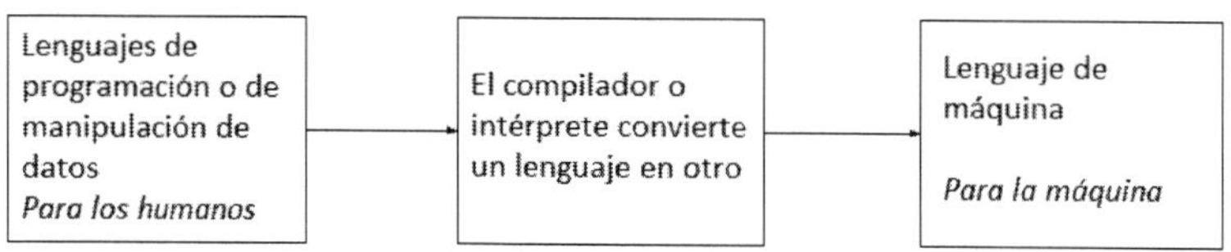

Por eso, aunque el texto que ve Soraya parezca críptico a primera vista, ha sido pensado por humanos para humanos. Es un lenguaje formal. Esto significa que tiene reglas, pero poca o ninguna semántica. Sabemos en qué orden colocar las palabras, pero no tienen significado en sí mismas.

Al fin y al cabo, un lenguaje de programación es un lenguaje porque es un conjunto de signos que permiten la comunicación. Como tal, se basa en un alfabeto. Gran parte de lo que utilizamos en nuestra vida cotidiana procede del mundo anglosajón. Lo mismo ocurre con los lenguajes de programación. Casi todos ellos utilizan el alfabeto, las palabras clave y la sintaxis inglesa.

Ha habido intentos de construir lenguas en otros idiomas. El Langage Symbolique d'Enseignement (LSE) es un ejemplo. Hay que decir que esta lengua, dirigida a un público francófono, no ha ido más allá de su marco inicial: un colegio de electricidad.

2. El vocabulario del lenguaje de programación

El vocabulario de estos lenguajes es limitado. Los términos más comunes son:

- `if`: indica una condición (si).
- `else`: indica una alternativa (de lo contrario).
- `while`: establece una repetición mientras se cumpla una condición.

"If" y "else" enmarcan lo que se conoce como "cláusula condicional".

En cuanto a "while", introduce la noción de permanencia. Pide a la máquina que haga algo mientras ("mientras") se cumpla una determinada condición.

3. La gramática de un lenguaje de programación

En estas lenguas hay lexemas y gramática. Se habla incluso de "errores sintácticos", en otras palabras.

Con las palabritas que hemos visto, hay algunas estructuras recurrentes. Pedimos al ordenador que realice una acción si ocurre algo ("si"), en caso contrario ("si no"), tenemos una tarea que realizar por defecto.

Esto tiene un orden. Así, el "if" viene antes del "else", lo que da este tipo de línea:

```
If X < ejecuta esto >
Else (Else) < ejecuta esto >
```

Las distintas estructuras pueden anidarse. Por ejemplo, un "while" podría enmarcarlo todo:

```
While < tal condición >
If X < ejecuta esto >
Else < ejecuta esto >
```

4. La puntuación de un lenguaje de programación

Para saber dónde empieza y dónde acaba una estructura, es habitual utilizar símbolos de apertura y cierre. Por eso los lenguajes de programación utilizan paréntesis, llaves, punto y coma, dos puntos y sangría.

Esto es lo que Soraya nota cuando se inclina sobre el hombro de Tania, y es lo que hace que estos textos sean tan incomprensibles para el gran público. A menudo vemos en la ficción afirmaciones que utilizan signos de dólar y puntos y comas. Añaden un toque de oscuridad. Sin embargo, no son más que un medio de comunicación.

El dólar equivaldría a un pronombre definido como "el", "la" o "los". En cuanto al punto y coma, es el punto final de los desarrolladores, la marca al final de una frase, nada más.

5. Nociones específicas de los lenguajes de programación

Más allá de estas estructuras, hay un conjunto de nociones específicas que recorren el campo de los lenguajes de programación. Veamos algunas de ellas para ver cómo encajan entre sí.

Una instrucción es una orden que se da a la máquina. Por ejemplo, < ejecuta_esto >.

Una variable se refiere a la información gestionada por el programa. Es una forma de almacenar información. En matemáticas se utiliza el mismo sistema. Equivaldría a una "x" en una fórmula cuando se conoce "x".

Una función encapsula un todo coherente en un fragmento invocable y reutilizable. En lugar de repetir el código, se le puede dar un título. Una vez establecido esto, se puede invocar la función utilizando este título. Es como copiar y pegar lo que hay en la función en el lugar adecuado.

6. Los niveles lingüísticos de un lenguaje de programación

La noción de paradigma es una de las que a veces provoca tensiones entre los desarrolladores. Podemos codificar de forma muy matemática y/o agrupando componentes en estructuras llamadas "objetos". En última instancia, estas dos formas de hacer las cosas son como dos niveles de lenguaje, con algunos lenguajes empujando más en una dirección que en la otra.

7. Configuración de la aplicación

Veamos de nuevo el código que lee Soraya para aplicar toda esta teoría.

```
def generar_recomendación(lector) :
      if lector = lector_ha_prestado_antes :
            usa_modelo(lector)
      else
            devuelve_lista_por_defecto()
```

La primera línea comienza con la palabra clave `def`, que define una función. Se llama `generar_recomendación`y toma el parámetro `lector`, lo que significa que el fragmento de código funcionará con la información conocida sobre un lector.

Este lector está representado por una variable. Y esto es lo primero que evalúa la función, ya que la instrucción "if" busca saber si el lector es alguien que ya ha pedido prestado (`lector_ha_prestado_antes`).

En caso afir ejecutamos mativo, la plantilla (`usa_modelo`). Aquí, llamamos a otra función llamada "usa_modelo" y le pasamos el parámetro "lector" para decirle que realice una acción en este lector. Si no se cumple la condición (`else`) de que el lector nunca haya realizado ninguna acción en la biblioteca, entonces le damos una lista de recomendaciones por defecto (`devuelve_lista_por_defecto`).

8. La complejidad de los lenguajes de programación

Incluso después de deconstruirlo, el enunciado sigue siendo complejo. La programación lleva tiempo aprenderla y produce resultados difíciles de leer. Por eso utilizamos editores de texto especiales. Éstos colorean el código en diferentes tonos. Esto ayuda a distinguir, por ejemplo, una palabra clave de una función. Estas pantallas de colores se ven mucho en las películas de hackers, por ejemplo. Impresionan en la ficción. En realidad, estos colores ayudan a los desarrolladores a orientarse. Es una ayuda, no un ingrediente críptico.

Un código parece abstruso cuando no se conoce el lenguaje en el que fue escrito. No puedes entender las frases de un lenguaje que no entiendes. Lo mismo ocurre con un lenguaje de programación con el que nunca te has topado.

9. La multiplicidad de lenguajes informáticos

A esta complejidad se añade el hecho de que no existe sólo uno, sino varios lenguajes de programación. A menudo, un desarrollador conoce varios de ellos, y no es raro que trabaje con dos o tres a diario. Así que no hay que mezclar sintaxis, vocabulario y puntuación. En una, es la sangría la que estructura los elementos, en la otra, es el anidamiento de corchetes.

Los lenguajes tienen sus propias especificidades. Algunos ofrecen mejores prestaciones, mientras que otros están especializados en la animación de páginas web, por ejemplo.

Hay muchas razones para elegir un idioma concreto, y lo curioso es que a menudo se hace por motivos tanto racionales como subjetivos. Todos tenemos nuestras preferencias personales por el inglés, el español o el vietnamita. Lo mismo ocurre con los programadores y los idiomas. Algunos programadores odian el punto y coma y se concentran en lenguajes sin él.

El índice TIOBE es un intento sesgado de clasificar los lenguajes por popularidad. Se basa en el número de resultados devueltos cuando se realiza una consulta en la Web. Puede que no sea la mejor medida, pero da una idea de las tendencias. A finales de 2023, los tres ganadores eran Python, C y Java. Nótese el primero, cuya principal aplicación en los últimos años ha sido construir software con aprendizaje automático.

10. Lenguajes de manipulación de datos

Hemos hablado de los lenguajes de programación, explicando que son distintos de los lenguajes informáticos. De hecho, no son más que una subcategoría de los lenguajes informáticos. Los lenguajes de programación se ocupan del procesamiento.

Pero Nico llama nuestra atención sobre los datos. Así que hay lenguajes de manipulación de datos.

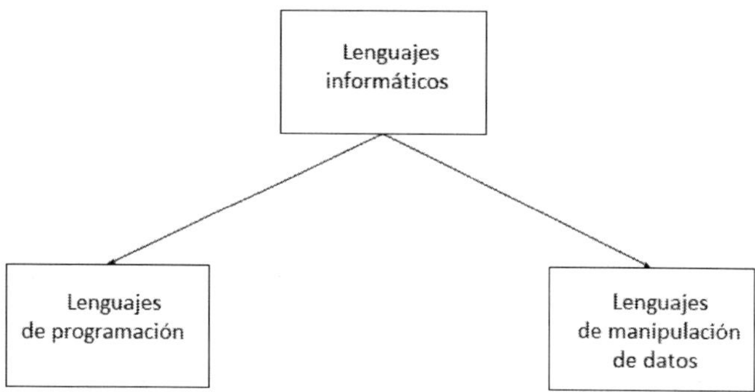

SQL es probablemente el lenguaje de manipulación de datos más conocido. Estructura la información en columnas y filas del mismo modo que un archivo de Excel. A partir de ahí, puedes ir buscando lo que quieras.

Evitemos entrar en demasiados detalles, pero tenga en cuenta que SQL también tiene su propia sintaxis. Como a veces es necesario utilizarlo para manipular datos, no es raro verlo incrustado dentro de un lenguaje de programación. Sería como utilizar términos vietnamitas en una historia turca.

En resumen, para crear aplicaciones de aprendizaje automático, enlazamos varios lenguajes informáticos dentro de un mismo texto. Es este texto el que el compilador o compilador transforma en lenguaje máquina para que comprenda y ejecute las órdenes que se le envían.

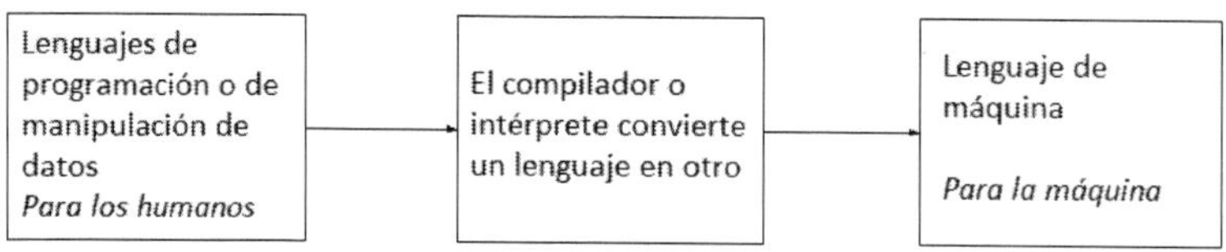

Sin duda, Tania reutilizará código existente y desarrollará una pequeña parte de él. Ella manipula código. Más concretamente, utiliza el lenguaje Python. Las líneas que Soraya ve son de este lenguaje. Veamos más de cerca de qué está hecho este lenguaje.

C. Centrarse en un lenguaje: Python

1. Introducción a un lenguaje popular

Desde hace varios años, Python es uno de los lenguajes de programación más populares. Su facilidad y flexibilidad atraen tanto a desarrolladores principiantes como a expertos. Puede utilizarse como base para crear todo tipo de aplicaciones. He aquí algunos ejemplos de casos de uso. En 2016, Instagram explicó que utilizaba Python en su mayor parte. Detrás de las historias de la vida real y de las portadas de la red social se esconde código Python. En el caso de Instagram, es el lenguaje principal.

Los programas con los que interactuamos son casi siempre el resultado de varios lenguajes entrelazados. No es raro ver Java junto a JavaScript o PHP, lenguajes igualmente populares. Gracias a numerosos artículos de blogs y conferencias, sabemos que algunos empleados de Netflix desarrollan en Python. Sin duda, otros lenguajes giran en torno a Python.

Python es un lenguaje muy utilizado. Tiene una amplia gama de usos: videojuegos, software empresarial, aplicaciones de escritorio, sitios web, etc. Pero hay un área en la que Python ha emergido como el claro ganador, y es en el aprendizaje automático, convirtiéndolo en una habilidad muy solicitada en el campo de la inteligencia artificial. Por eso, más allá de los dos ejemplos citados, es seguro que muchas de las plataformas que utilizamos a diario están formadas, al menos en parte, por código Python. Por tanto, Python merece un breve repaso de su historia y su estructura.

2. Breve historia de Python

Guido van Rossum, un desarrollador holandés, creó Python en 1989. Python ha mejorado con los años hasta convertirse en lo que es hoy: un lenguaje popular. Guido van Rossum era fan de *Monty Python's Flying Circus*, una alocada serie de televisión británica. Fue a raíz de este programa cuando bautizó Python. Esto demuestra que los nombres de los lenguajes pueden tener orígenes más o menos serios.

3. Los puntos fuertes de Python

Como hemos visto, todos los lenguajes tienen el mismo objetivo: dar órdenes a la máquina. Entonces, ¿por qué utilizar Python en lugar de cualquier otro lenguaje para el aprendizaje automático? En primer lugar, hagamos justicia al panorama actual de la inteligencia artificial: Python no es el único lenguaje en uso y, como siempre en la historia de la informática, otros lo suplantarán sin duda. Sin embargo, es el lenguaje más utilizado en la actualidad. Su popularidad se debe a una combinación de circunstancias más o menos intrínsecas a Python. Para empezar, es relativamente fácil de aprender. Los desarrolladores profesionales lo aprecian desde hace tiempo. Pero hay un segmento de la población que lo aprecia aún más y que ha contribuido a hacerlo tan famoso: los académicos. Hasta hace poco, el aprendizaje automático era principalmente un campo de investigación, y la mayor parte de ésta se llevaba a cabo en Python. Cuando el campo entró en el mundo corporativo, naturalmente vino acompañado de su lenguaje de elección: Python.

Lo que también hace que una herramienta de este tipo sea tan popular es el apoyo que recibe. En primer lugar, existe una gran comunidad de "código abierto" que trabaja en el tema. Esto significa que muchas personas contribuyen de forma transparente, y a menudo gratuita, a mejorar el lenguaje. Hoy en día, ya no está totalmente en manos de Guido van Rossum, que se declara "dictador benévolo vitalicio". Guido van Rossum toma ciertas decisiones sobre Python cuando es necesario, pero ya no dirige oficialmente el desarrollo del lenguaje.

Python no sólo cuenta con el apoyo de muchos programadores, sino también con el de gigantes de la informática como Google y Amazon. Contribuyen al crecimiento de Python porque ellos mismos son usuarios del producto. Sin embargo, también contribuyen a otros muchos lenguajes.

Por último, pero no menos importante, hay una cualidad que hace que Python tenga tanto éxito: gran parte del código para crear aplicaciones de aprendizaje automático ya está listo y se ha escrito en Python. Todo lo que tienes que hacer es tomar estos elementos y juntarlos para crear el software que deseas.

4. La estructura de Python

Hemos dicho que Python era divertido de aprender. También hemos visto que cada lenguaje viene con unos conceptos y una estructura que lo hacen más o menos accesible. Python se destaca por su legibilidad. En la práctica, es un lenguaje que simplifica el desarrollo al evitar complejidades innecesarias. A diferencia de otros lenguajes que dependen en exceso de palabras clave y llaves, Python adopta una sintaxis más clara y concisa. En Java, para enviar una sentencia a la pantalla, se escribe :

```
System.out.print("Hola") ;
```

En Python, escribimos:

```
print("Hola")
```

No hay signos de puntuación extraños ni palabras demasiado complejas en la segunda solución. Si la diferencia le parece pequeña, imagínesela en un texto largo. Por ejemplo, para declarar una función en Java, escribimos :

```
void escribir()
{
       System.out.print("Hola") ;
}
```

En Python, esto da:

```
def escribir() :
       print("Hola")
```

En resumen, hay menos líneas y menos palabritas, lo que facilita la lectura y el manejo del lenguaje. Hablando de "palabritas", hay otro elemento que hace agradable Python: reutiliza términos y conceptos utilizados en el mundo de la programación. Por ejemplo, para declarar una estructura condicional, encontramos los famosos "if" y "else". Así, las personas acostumbradas a desarrollar evitan perderse.

Por último, Python permite escribir en varios paradigmas, que, como hemos visto, se asemejan a distintos niveles de lenguaje, teniendo cada individuo su propia preferencia. Por ejemplo, es posible desarrollar funcionalmente con un enfoque puramente matemático, o con objetos que ordenan las piezas de código en subgrupos. También se pueden combinar ambos enfoques.

5. Ponerlo en práctica con un ejemplo

Para comprender mejor qué hay detrás de Python, veamos un ejemplo relacionado con el aprendizaje automático. Dejaremos de lado el código de Tania por ahora. Aunque es más realista, también es más complejo para un primer acercamiento.

Imagina que tienes un restaurante. Cada mesa deja una propina. Para llevar un mejor control de tu contabilidad, te gustaría estimar cuánto dinero dejarán los clientes en los próximos días. Más allá de otros factores, la forma más sencilla de hacerlo es calculando un promedio. Parece increíble cuando lo piensas, pero esta es una primera aproximación a la lógica de la inteligencia artificial. A partir de datos anteriores, podemos deducir una cantidad y asumir que eso es lo que recibiremos en el futuro.

Empecemos por escribir el código capaz de realizar dicho cálculo. Será una fórmula matemática que tomará los consejos anteriores. Supongamos que nos dejan tres propinas, que no son muchas, pero facilitarán nuestro ejemplo.

```
(propina_1 + propina_2 + propina_3) / 3
```

En programación, utilizamos la barra "/" para indicar división. A continuación, tenemos que almacenar este elemento en una "variable". Vamos a llamar a esta variable `media`:

```
media = (propina_1 + propina_2 + propina_3) / 3
```

Ahora vamos a devolver este resultado. Para ello, utilizamos el término `return`:

```
media = (propina_1 + propina_2 + propina_3) / 3
devolver media
```

Podemos encapsular este resultado en una función. Ésta comienza con la palabra clave `def` y tiene un nombre: `hallar la punta media`. Luego toma los datos entre paréntesis. En el cuerpo, encontramos el cálculo de la media:

```
def encontrar_propina_media(propina_1, propina_2, propina_3) :
       media = (propina_1 + propina_2 + propina_3) / 3
       devuelve media
```

A continuación, podemos reutilizar esta función e imprimir el resultado en la pantalla con datos reales:

```
media = encuentra_la_media(3, 4, 3)
print(media)
```

Si anteriormente hemos recibido 3, 4 y 3 euros de propina, el resultado que se mostrará será de 3 euros. Como restaurador, esto es lo que podemos esperar para una nueva mesa. La información se ha extraído de datos anteriores y tendrá una utilidad en el futuro.

Este ejemplo le da una idea de cómo es el código Python. En resumen, un archivo contendría las siguientes líneas:

```
def encontrar_propina_media(propina_1, propina_2, propina_3) :
       media = (propina_1 + propina_2 + propina_3) / 3
       devuelve media
= media encuentra_la_propina_media(3, 4, 3)
      print(promedio)
```

Este texto se pasará a un programa capaz de ejecutarlo, un compilador, y darnos el resultado esperado. A continuación, podremos utilizarlo para gestionar nuestro restaurante.

En resumen, detrás de la inteligencia artificial se esconde este tipo de texto. Claro que, en realidad, son mucho más grandes y complejas. Una media no puede resolver todos nuestros problemas, pero ahí tienes el corazón de una aplicación "inteligente".

Es con este material con el que Tania diseñará su motor de recomendación. Así que no hay magia de por medio. Hay un desarrollador y un código detrás de la IA. Pero, ¿realmente va a escribirlo todo Tania? ¿Es suficiente un solo ingeniero para desarrollar un sistema así? Por supuesto, no está sola: la acompañan Max, el científico de datos, y Julie, la gestora de proyectos. Pero hay otros desarrolladores a la sombra de Tania. Tania se basará en su código, utilizando una serie de conceptos como librerías informáticas, herramientas ya preparadas, aprendizaje por transferencia y datos abiertos.

D. Codificación o reutilización de componentes para desarrollar IA

1. Reutilización del código

Tania trabajará en el sistema de recomendaciones. Sin embargo, no será necesario que escriba todo el código desde cero. Probablemente reutilizará componentes desarrollados por Max y otras herramientas disponibles. En muy poco tiempo, la construcción de una IA ha cambiado mucho. Hubo un tiempo en el que el usuario tenía que programarlo casi todo. En aquella época, era imprescindible tener conocimientos avanzados en la materia o estar lo suficientemente motivado como para interesarse por ella. A lo largo de los años, se han resuelto muchos problemas y sus soluciones se han plasmado en estructuras que pueden reutilizarse.

Tania va a utilizarlo. En primer lugar, buscará en las librerías informáticas lo que ya se haya hecho. Una biblioteca es un conjunto de funciones listas para usar. Puedes importarlas a tu aplicación y utilizar el código como si lo hubieras escrito tú mismo. Y hoy en día, hay tantas bibliotecas en el mundo del aprendizaje automático que lo más difícil puede ser saber cuáles elegir.

Las bibliotecas suelen ser gratuitas en el sentido de que puedes utilizarlas, pero es posible que tengas que pagar si quieres asistencia. Aquí es donde surge otra dificultad. No siempre es fácil entender un código que no has escrito tú mismo. Por eso puede ser útil tener acceso a la ayuda de las personas que han desarrollado la biblioteca. Por lo general, es por esta parte por la que hay que pagar.

En Python, hay muchas bibliotecas en el campo del aprendizaje automático. Por eso muchas empresas se centran en este lenguaje.

2. El uso de código abierto

Además de las bibliotecas, los desarrolladores pueden acceder a numerosos ejemplos gracias al fenómeno del código abierto (open source). Este enfoque permite que el código de ciertos programas esté disponible para toda la comunidad, promoviendo la colaboración y el aprendizaje. Esto puede hacerse por diversas razones.

Un ejemplo famoso es TousAntiCovid, la aplicación del gobierno francés utilizada durante la pandemia. Pero el código abierto también puede utilizarse para ayudar a la comunidad en su conjunto. De hecho, puedes hacer pública sólo una parte de tu programa.

3. El uso de herramientas prefabricadas

Más allá de los conceptos de bibliotecas y código abierto, también existen herramientas comerciales que pueden utilizarse. Como son bastante completas, a menudo hay que pagar por ellas, pero no siempre. Pueden ser gratuitas y de código abierto, o ambas cosas.

El gigante Amazon, más conocido por su plataforma comercial y cada vez más por sus vídeos, está ganando mucho dinero en un ámbito poco conocido por el gran público: la *nube*. ¿Otra palabra complicada? Ahorrémonos algunos detalles y concentrémonos en lo esencial: Amazon proporciona software preempaquetado que los desarrolladores pueden utilizar en sus aplicaciones. Es el caso de las recomendaciones, donde existe una herramienta llamada Personalize que responde a esta necesidad. Para Tania y Max, queda por ver si esta herramienta vale la pena en su contexto o si deberían utilizar otra.

4. Reutilización de modelos

Tania y Max también podrían reutilizar modelos. Antes hemos hablado del aprendizaje por transferencia. Esto significa que Tania podía tomar un modelo preelaborado y añadirle capas de entrenamiento para adaptarlo a su contexto. Antes, el científico de datos tenía que diseñar desde cero el modelo en el que se basaría una aplicación de IA, pero los tiempos han cambiado, y hoy en día es posible utilizar modelos prefabricados y simplemente adaptarlos a nuevos casos de uso.

5. Reutilización de datos

Otro campo en el que Tania y Max podrían obtener ayuda es el de los datos públicos. Este campo se conoce como "datos abiertos". Se trata de datos de libre acceso. Cualquiera puede venir y buscar información.

Tania y Max podrían utilizarlo para reunir más información sobre los libros: su mundo, sus autores, etc. No todo el mundo puede utilizar datos abiertos. Hay que ser un científico de datos o un informático. Pero los resultados pueden ser extremadamente útiles. Este fenómeno tiene una salvedad. Aunque los datos abiertos multiplican por diez la posibilidad de entrenar IA, hay que tener cuidado con las fuentes. Si se toma una base de datos racista, lo que por desgracia ocurre muy a menudo cuando se manipulan datos ligeramente antiguos, casi siempre se obtendrá una IA racista.

Así que Tania tiene todo este hardware a su disposición para codificar su IA. ¿Pero cómo de grande va a ser este código? Sabemos que los datos lo son. ¿Qué pasa con la parte escrita en símbolos multicolores?

E. Modelar más que codificar

1. Los desarrolladores escriben poco código

La idea de este capítulo era mostrar que la IA está codificada. Es un conjunto de signos que puede asustar a primera vista, pero que tiene sentido para las personas que han aprendido a descifrarlo.

El segundo objetivo era ofrecer una visión de la vida cotidiana de una mujer desarrolladora. Se puede ver a Tania inclinando sus bucles sobre el código. Pero al centrar toda nuestra atención en esto último, hemos mentido un poco, o al menos exagerado el caso. En realidad, un ingeniero sólo escribe unas pocas líneas al día, quizá unas docenas. Vale la pena señalar que Tania puede no estar escribiendo el texto que Soraya está viendo. Podría estar leyéndolo. Y, de hecho, los desarrolladores dedican gran parte de su tiempo a esta actividad. Si sólo producen unas pocas líneas al día, ¿para qué les pagamos? ¿Por leer código?

Para empezar, cuanto más conciso sea el código, más claro será. Cuanto menos código, menos mantenimiento. Esto es cierto en menor medida. Pero ser capaz de escribir poco código en lugar de mucho código para la misma funcionalidad es una habilidad buscada e importante.

2. Modelar el negocio en lugar de escribir líneas y líneas de código

En segundo lugar, si bien es cierto que el código es lo que permite a una máquina realizar una acción , para producirlo hay que definirlo y saber con precisión qué orden se le quiere dar. Y eso puede llevar tiempo. Hay que entender el negocio en el que se trabaja y determinar qué instrucciones tienen más sentido. Luego, cuando creas que tienes la respuesta correcta, tienes que escribirla. A menudo hay que hacer varios intentos para llegar al resultado deseado. Una vez conseguido, hay que hacer múltiples pruebas y revisiones por parte de otros programadores.

Contrariamente a la creencia popular, escribir código es la parte más sencilla del desarrollo. Lo complicado es obtener los requisitos, que los propios usuarios no siempre conocen, leer el código, mantenerlo en el tiempo, depurarlo y hacerlo evolucionar. Aunque Tania, Julie y Max empezaron con un motor de recomendaciones, su ambición era mucho mayor. Por eso necesitan preparar un texto escalable que tolere fácilmente variaciones. Sería como escribir frases sencillas en las que se pudieran insertar adjetivos cuando quisieran decir más cosas más adelante.

El primer día, Tania sólo se interesa por su ordenador, pero si quiere configurar su sistema de forma eficaz, tiene que hablar con la gente que la rodea, pensar en el código que piensa escribir, discutirlo con Max y Julie, teclearlo en su pantalla, evaluarlo y probarlo para llegar finalmente a una solución aceptable. Durante el resto de la semana, la vemos conversar más con Christophe, por ejemplo.

3. Los datos son más importantes que el código

Y cuando se trata de inteligencia artificial, lo que realmente cuenta no es el código, sino los datos. Con todo el concepto de bibliotecas y reúso de código en general que hemos visto, lo más difícil es elegir los datos de entrenamiento y hacerlos utilizables. En última instancia, la fuente de la verdad en la IA es esta: los datos. Por eso, cuando oímos que algunas empresas, afortunadamente muy pocas, consideran a sus desarrolladores por el número de líneas codificadas, se alzan varias voces para gritar lo absurdo de este tipo de situación. Y con razón.

F. En pocas palabras

- La IA está hecha de código. Es decir, los programadores utilizan un lenguaje informático para producir un texto. Éste representa instrucciones dadas a un ordenador. En realidad, este lenguaje está diseñado para humanos. Como todo lenguaje, sigue una serie de reglas. Una vez que las conoces, todo se vuelve menos críptico.
- Existen varios lenguajes de programación. Uno de los más populares es Python, y con razón: ha sido el maestro del aprendizaje automático durante los últimos años.
- Hoy en día, para diseñar IA, ya no es necesario construirlo todo desde cero. Puedes basarte en lo que ya se ha hecho, ya sea en términos de código, modelos o datos.
- Una programadora como Tania sólo dedica parte de su tiempo a escribir el código que creará la IA. Lleva a cabo toda una serie de otras tareas para lograr su objetivo: conversaciones con las personas de su entorno, pruebas, correcciones, etc.

La IA se codifica utilizando un lenguaje de programación. Esta es una de las primeras asignaturas de la inteligencia artificial: la informática. Cuando uno se pone manos a la obra, se da cuenta de que lo que a primera vista resulta críptico no tiene ninguna intención de serlo. La informática no es una habilidad mágica ni imposible de obtener. Sería como aprender un idioma.

Capítulo 2-3

Enfonque en la parte matemática: ¿cómo ensenar a la IA?

A. La historia de Soraya y la IA

Frustrada por su semana en vano, Soraya decidió al lago ir el sábado.Después de tantos fracasos recientes, se había ganado un respiro en plena naturaleza. Pero, incapaz de dejar de pensar en ellos, se llevó el portátil con ella.

Nada más llegar, abrió ChatGPT y tecleó:«Enséñame a programar».El chatbot respondió con entusiasmo: ¡Por supuesto!Será un placer.Empecemos por lo básico. Elige un lenguaje de programación.

A respuesta continuó unas cuantas líneas más, hasta que finalmente remató con una advertencia:

— Esto es sólo el principio. No olvides que aprender a programar lleva tiempo.

Los músculos de la mandíbula de Soraya se tensaron. No tenía tiempo. Lo que quería era un trabajo estable.

Soraya tecleó entonces en la barra de direcciones de su navegador el enlace al generador de historias enviado por Nico.

— Bienvenida Soraya, ¿te gustaría continuar la aventura?

El mensaje parpadeaba en la pantalla con cierto aire burlón. Debajo, un botón azul resaltado con un "OK" la invitaba a sumergirse en la historia. Y, claro, lo pulsó.

El relato se desplegó:

"Entonces Soraya se dio cuenta. Contar con una IA en una biblioteca era una bendición. No tendría que molestarse en leer, alguien lo haría por ella. Se acabaron sus tediosas horas introduciendo información en el catálogo, una máquina se encargaría de ello".

Exasperada, Soraya apagó el ordenador y lo apartó con una mano como si estuviera ardiendo.Aquel relato edulcorado no tenía nada que ver con la realidad. Si una IA se hacía con su puesto, ¿qué sería de ella?Claro que era tentador poder dedicarse a lo que realmente le gustaba, pero ¿a qué precio? ¿Qué ganaba si acababa despedida de la biblioteca?

Frente a ella, a pocos metros,un chico movía la cabeza al ritmo entrecortado de la música que le llegaba por losauriculares inalámbricos. ¿AirPods? Sin duda. ¿Que le permitían comunicarse con Siri? Tal vez. El cambio ya estaba ahí, Soraya no podía luchar contra él. Lo que ella necesitaba era una forma de integrarse en este nuevo mundo.

Los símbolos que había visto en la pantalla de Taniala habían dejado fuera de juego. Ella no entendía nada y la ingeniera de datos solo trabajaba con Christophe.

De pronto, una idea cruzó su mente. ¿Sería más fácil descifrar los conocimientos de Max?

Soraya volvió a ChatGPT y escribió: «Enséñame los fundamentos de la ciencia de datos».

Así fue como Soraya continuó su aprendizaje. Bajo un tímido sol primaveral, la jornada se llenó de nuevos conceptos: variables explicadas y explicativas, álgebra lineal, validación y evaluaciónde modelos, etc.

B. Etapas de un proyecto de aprendizaje automático

1. Primer paso: el problema por resolver

Para comprender mejor el aspecto matemático del desarrollo de la IA, veamos los pasos que hay que seguir en un proyecto de aprendizaje automático. Veremos un proceso general.

Lo primero que hay que hacer es pensar en el problema que hay que resolver. Por eso Julie, Tania y Max hablan con Christophe. Tienen que entender el campo en el que van a montar su sistema. Seguro que antes de llegar a la biblioteca hablaron con varias personas en el ayuntamiento. Así llegaron a ponerse de acuerdo sobre un objetivo.

En nuestro caso, quieren modernizar la biblioteca. Al menos, así lo explica Christophe. A veces es importante desde el punto de vista del marketing, incluso en el sector público, demostrar que se mejora el servicio y que se saben utilizar las nuevas tecnologías. Pero más allá de este efecto "wow", cuya pertinencia puede criticarse, ¿no hay algo más? La primera aplicación que el Ayuntamiento quiere poner en marcha es un sistema de recomendaciones. Como ya hemos dicho, hay varias razones para desarrollar uno. Quizás los lectores se quejan de que no encuentran lo que buscan, o han expresado su deseo de disponer de una interfaz más personalizada cuando consultan el catálogo y su cuenta. En eso consiste un motor de recomendación. Así que, por supuesto, sería preferible explicar los entresijos a los bibliotecarios para que colaboren. Pero en la vida, las cosas no siempre salen como deberían.

2. Segunda etapa: Búsqueda o producción de los datos

Tras investigar un poco para encontrar la mejor manera de responder al problema con IA, el segundo paso es recopilar los datos. Hay varias fuentes posibles. Las IA como ChatGPT o MidJourney buscarán en la Web, una mina de oro. Sin embargo, se trata de un material precioso enfangado que a menudo hay que filtrar.

En otros casos, hay que ser astuto para encontrar la información adecuada. Es cierto que se ha producido una explosión de información en las redes. Se habla incluso de "infobesidad". Sin embargo, las empresas que necesitan desarrollar aplicaciones en sistemas muy específicos no siempre pueden contentarse con esto.

Los datos abiertos pueden ser una fuente. Ya lo hemos mencionado. Este tipo de base de datos se utilizó, por ejemplo, en la epidemia COVID.

Además de estas fuentes gratuitas, puedes comprar datos. Incluso puedes producirlos. Para Max, hay varias soluciones posibles. Hay varias maneras de construir un modelo para ofrecer contenidos personalizados. Supongamos que Max adopta un enfoque colaborativo. Necesita las interacciones de los lectores con los libros. A partir de ahí, obtendrá una tabla en la que la "V" significa que la persona ha tomado prestado el libro y la "X" lo contrario.

	Frankenstein o el Prometeo moderno (CF)	Los furtivos (CF)	¿Sueñan los androides con ovejas eléctricas? (CF)	El Cid (Clásicos)	El padre Goriot (Clásicos)	Los miserables (Clásicos)
Norah	V	V	V	X	X	X
Léo	V	X	V	X	X	X
Chloé	X	X	X	V	V	V
Arielle	X	X	X	V	V	X

Aquí tenemos tres obras de ciencia ficción seguidas de tres clásicos. Surgen varios grupos de personas. Norah y Léo han tomado prestados al menos dos ejemplares de la primera categoría y parecen ser aficionados a la ciencia ficción. Léo y Chloé se interesan más por la segunda categoría.

Sin embargo, vemos que Léo no ha leído Los Furtivos (CF). Naturalmente, queremos recomendárselo. Arielle, por su parte, no ha tenido ocasión de echarle un vistazo a Los miserables (Clásicos). Pero puede que le guste.

Este es el tipo de datos que recogerá Max. En realidad, no tiene derecho a recopilar todo lo que quiera. El Reglamento General de Protección de Datos (RGPD), una normativa europea, protege los derechos de los usuarios e impone obligaciones a los desarrolladores. Ya no es posible recopilar información de los consumidores de un servicio y venderla al público en general. Al menos, no es concebible hacerlo sin el consentimiento expreso de los usuarios. Por eso vemos tantas ventanas emergentes en los sitios que visitamos. Están ìahí para verificar nuestro consentimiento. Así que Max no puede jugar con todos los datos que quiera.

3. Tercera etapa: Análisis y exploración de datos

A partir de ahí, Max puede pasar al análisis y la exploración de datos. Hemos construido una tabla con cierta información y la hemos estudiado. Incluso hemos empezado a manipular lo que se conoce como características. No olvidemos que estamos en el campo de las matemáticas. Necesitamos materializar la información que tenemos en forma de ecuación. Por lo tanto, vamos a tratar con variables explicativas y explicadas.

4. Un inciso sobre las variables explicativas y explicadas

El hecho de haber tomado prestado un libro en el pasado es una variable explicativa. La correlación que pueda establecerse con este hecho y el comportamiento de otros usuarios también son variables explicativas.

En pocas palabras, el historial de los abonados forma un conjunto de variables explicativas. Estas variables se utilizan para predecir lo que una persona leerá en el futuro. Así se hace una recomendación. Se trata de una variable explicada. Es lo que intentamos adivinar, lo que a un individuo le gustaría descubrir.

Max analizará la correlación entre los dos extremos de la cadena para comprobar que la variable explicativa (historial del usuario y sus acompañantes) explica efectivamente la variable explicada (próximo documento prestado).

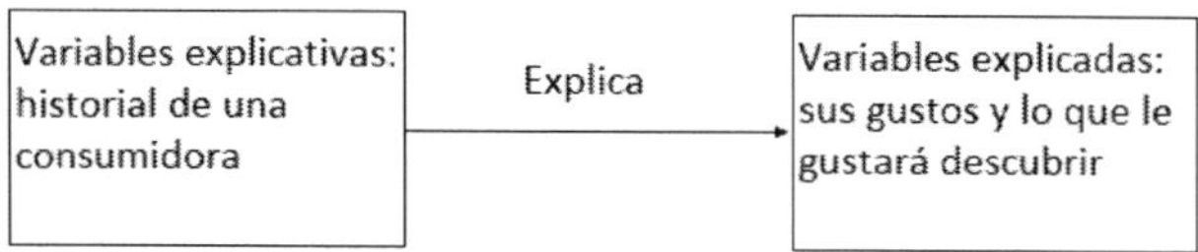

5. Etapa 4: Preparación y depuración de los datos

Max pasa poco a poco a la siguiente fase: preparar y limpiar los datos. Este es uno de los principales retos de la IA.

En el caso de la recomendación, podía elegir como variable explicativa el hecho de que un libro fuera prestado y el tiempo que permaneció en manos del lector. Quizá el lector incluso tuvo la oportunidad de poner una nota en su selección. Es necesario recuperar esta información.

Las notas pueden contener valores incorrectos debido a problemas con los datos o la introducción de datos. Será necesario entonces limpiar los datos, es decir, filtrar los elementos indeseables. Por último, este es el principio que estamos viendo desplegado en otras formas de IA con moderación.

Fíjate en que Max pasó mucho tiempo procesando datos. Es un chiste común en este campo. Los científicos de datos empiezan sus carreras imaginando que pasarán horas y horas devanándose los sesos con modelos estadísticos muy complejos, pero pronto se dan cuenta de que casi todo lo que hacen gira en torno a los datos.

6. Quinta etapa: Creación del modelo con el entrenamiento

Hablemos de esta etapa, que consiste en construir el modelo. Alimentado con datos, representa una fórmula matemática.

Como ya se ha dicho, Max puede comprar una herramienta ya hecha, utilizar un modelo preentrenado, recurrir a una biblioteca informática ya desarrollada por otra persona o, cada vez menos, producir él mismo el código utilizado para construir el modelo. Sea cual sea su elección, busca en la literatura científica la idea que mejor se adapte a su contexto.

A partir de ahí, comienza una nueva etapa del proyecto. Max entrenará el modelo, es decir, creará la estructura matemática a partir de los datos.

7. Sexta etapa: Evaluación del modelo

Max evaluará los distintos modelos de que dispone. Una IA se considera siempre según un proceso bien definido. Así es como se mide su relevancia. Cada aplicación inteligente recibe una puntuación. Ésta se expresa generalmente en porcentaje. Max utilizará estos elementos para construir o adoptar el mejor modelo posible.

8. Séptima etapa: Aplicación del modelo

Una vez que Max tenga todas las respuestas a sus preguntas, Tania podrá ensuciarse las manos y escribir la recuperación de datos, la depuración de datos, la construcción del modelo y la aplicación del modelo en lenguaje informático.

9. Octavo paso: Explicación del modelo

En última instancia, Max podría concentrarse en explicar el modelo elegido. En primer lugar, podría hacerlo mediante presentaciones a Tania, Julie, los empleados, el ayuntamiento, Christophe, etc. Pero lo que sería aún más interesante sería hacerlo ante el público que utilizará el motor de recomendación. Pero lo que sería aún más interesante sería hacerlo frente al público que utilizará el motor de recomendación. Para ello, él y Tania podrían encontrar la manera de escribir en algún lugar de la interfaz, de forma automática: "Hola Léo, hemos visto que te gustan los mismos libros que a Norah. Por eso te recomendamos *Los furtivos (CF)*, que ella leyó hace poco".

Esta frase es bastante prolija y hace que los gustos de Norah por Leo parezcan dudosos. En general, encontramos frases como "Como te gustó *Frankenstein o Prometeo Moderno*, también te gustará *El Furtivo*" o "A otros lectores también les gustó *El Furtivo*". La idea es dar confianza a la persona que recibe la propuesta. Se sale de la caja negra. Aunque tengan sus límites, hay formas de salir de la opacidad de la IA.

Max pasa por muchas etapas para producir una IA. En realidad, cada vez hay más colaboración entre los distintos oficios, y Tania aparece a lo largo del proceso. Cada uno tiene su especialidad, pero eso no significa que no puedan ayudarse mutuamente. De hecho, se agradece enormemente.

En resumen, los pasos que hemos dado son los siguientes:

- Identificar el problema por resolver
- Encontrar o producir datos
- Analizar y explorar datos
- Preparar y depurar datos
- Evaluar modelos
- Aplicar el modelo
- Explicar el modelo

Echemos un vistazo más de cerca a esta parte científica para hacernos una idea de cómo se formatea en un lenguaje informático.

C. Poner en práctica el aprendizaje automático

1. Primera etapa: Recuperación de datos

Max y Tania aspiran a lo mismo: satisfacer a los lectores con este motor de recomendación y, por tanto, hacerlo visible. Tendrán que armarse de paciencia. De momento, sólo están al principio del proyecto.

Imaginemos, de forma simplificada, una posible aplicación de este motor de recomendación. Los pasos que Max siguió en su proyecto pueden verse en forma de los símbolos multicolores que asustaron a Soraya. En primer lugar, hay que recuperar los datos, lo que podría ser tan sencillo como esto:

```
 = historial_usuarios obtener_historial()
calificaciones = obtener_calificaciones()
```

`El historial de los usuarios y las valoraciones`representan distintos tipos de información. Estas son nuestras características, nuestras variables explicativas.

2. Segunda etapa: Limpieza de datos

El siguiente paso es limpiar los componentes resultantes.

```
calificaciones_limpiadas = limpiar(calificaciones)
```

Aplicamos una función de `limpieza`que elimina los valores atípicos debidos a errores de entrada o de datos. Esta función podría haber sido desarrollada por Tania en otro archivo o mediante código de una fuente externa.

3. Paso 3: Preparación de los datos

Pasemos a la preparación. En nuestro caso, vamos a agregar la información.

```
= datos_finales calificaciones_limpiadas + historial usuario
```

4. Cuarto paso: Creación del modelo

Aquí es donde vamos a construir el modelo. Vamos a suponer que el código para hacer esto viene desde el exterior.

```
= modelo_recomendación construcción_modelo_recomendación(datos_finales)
```

Así obtenemos el modelo, es decir, la fórmula matemática que podemos reutilizar. Puede que la línea que acabamos de escribir te siga pareciendo demasiado simple. Veremos las sutilezas en el próximo capítulo.

Si Max y Tania utilizan una herramienta externa o un fragmento de código, tendrán que entenderlo. Digamos que la IA plantea muchas preguntas a las que tendrán que dar respuesta. Por eso les pedimos que tengan al menos interés por las matemáticas. Sin ellas, les resultará difícil saber cómo optimizar su sistema y cómo explicarlo. Pero no necesitan saberse de memoria fórmulas complicadas, porque las toman de otro sitio y no las codifican ellos mismos.

5. Quinta etapa: utilización del modelo

Una vez obtenido este modelo, puede utilizarse.

```
= recomendaciones_para_Leo recomendaciones_modelo(Leo)
```

Utilizamos el modelo y le damos información sobre Leo, por ejemplo sus préstamos anteriores, para que pueda hacer sugerencias.

Este código no es sencillo, pero no tiene ninguna intención críptica. Tampoco lo es el aprendizaje automático. Es ciertamente complicado porque puede que no sea tu campo, pero si te tomaras el tiempo de asimilar todos estos conceptos y profundizar en ellos, verías que no hay magia en la IA. Puede que incluso te parezca aburrida. Al fin y al cabo, mucha gente no soporta la lógica ni las matemáticas ni la estadística. Y así es construir una IA.

D. Conceptos clave

1. Los algoritmos en el corazón de la IA

Sigamos ahondando en los entresijos del diseño de IA explorando una serie de conceptos.

Con el aprendizaje automático, construimos un modelo. Para obtener este modelo, utilizamos lo que se conoce como algoritmos. Un algoritmo es una secuencia finita de instrucciones lógicas que un ordenador debe ejecutar en respuesta a una situación definida. Nuestro problema es extraer el significado de un grupo de datos.

Tomemos el caso del juego del Go. A partir del historial de duelos entre las piedras blanca y negra que posee la máquina, necesitamos hallar el porcentaje de éxito de una acción determinada. Un cálculo como éste constituye un conjunto metódico que puede describirse como un algoritmo.

Como no hay nada mejor que un diagrama, veamos éste, que representa la parte de entrenamiento del aprendizaje automático.

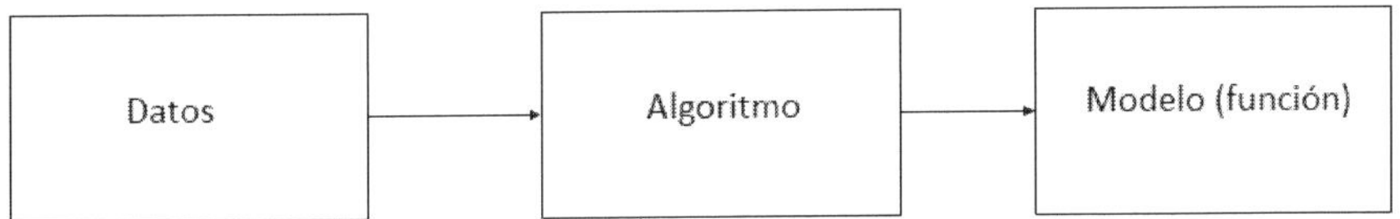

Tenemos datos, aplicamos un algoritmo que detecta una estructura en los datos y los ordena en un modelo.

Veamos ahora cómo utilizar este modelo en la sección "inferencia".

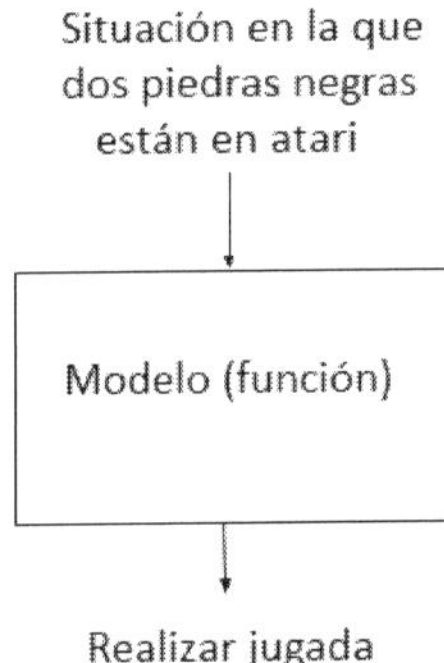

Ahora tenemos nuestro modelo y podemos utilizarlo con nuevos datos. Por ejemplo, si hay dos piedras negras en Atari, el modelo puede analizar lo que tiene delante para decidir qué jugada hacer.

2. Árboles de decisión, un tipo popular de modelo

Existen varios tipos de modelos. Uno de los más populares es el árbol de decisión.

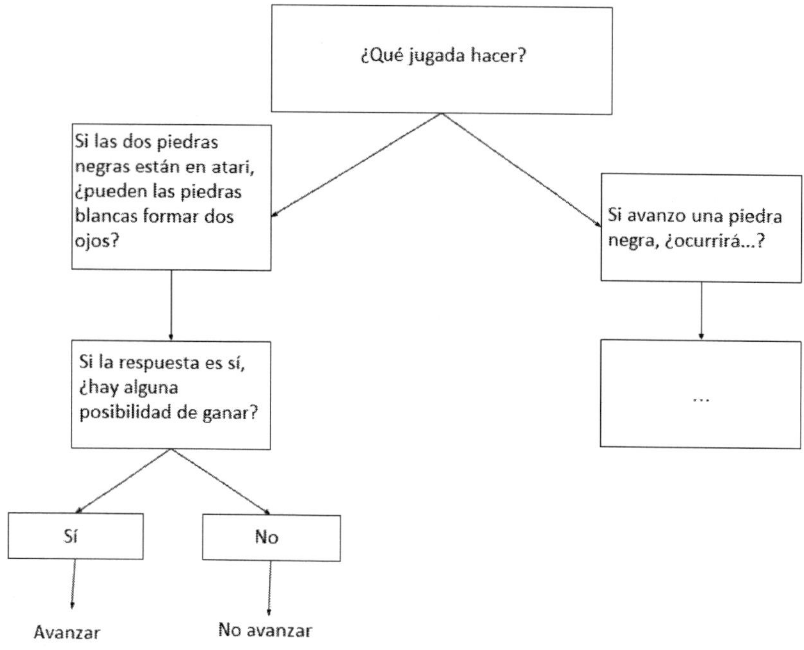

La transcripción del diagrama anterior daría:

Si las dos piedras negras son atari, ¿pueden las piedras blancas formar dos ojos?

En caso afirmativo, ¿hay posibilidades de ganar?

En caso afirmativo, adelante

Si no, no continúe

Si muevo una piedra negra hacia delante, ¿...?

Lo encapsulamos en una función y este código se convierte en un modelo. Pero en ningún momento Tania o Max escribirán ellos mismos esta declaración. La máquina la generará a partir de los datos. Será legible, pero nadie lo escribirá. En un caso así, será fácil explicar los movimientos que sugiere el programa.

La idea es que el algoritmo pruebe distintas combinaciones para encontrar las mejores. En concreto, el algoritmo generará varias formulaciones con "si" y analizará qué funciona mejor para cada una. A continuación, almacenará la probabilidad de éxito en las distintas situaciones.

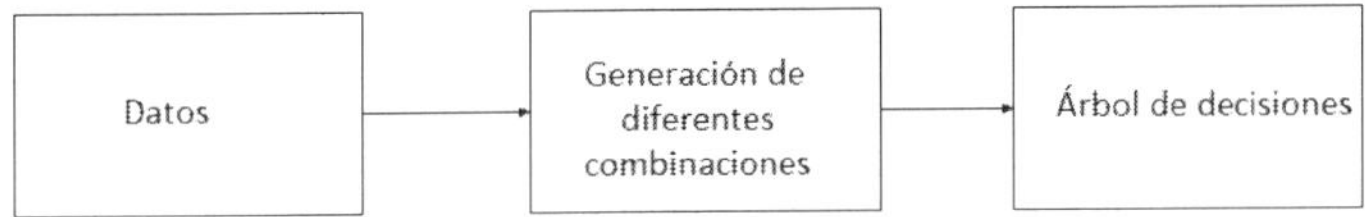

Si damos un paso atrás, la representación es un sistema experto que ha generado un sistema de aprendizaje. El árbol de decisión es un modelo sencillo, pero sigue siendo popular porque es fácil de entender. De hecho, se sigue utilizando mucho en combinación con otros modelos más complejos.

3. Redes neuronales, un tipo de modelo muy prometedor

La red neuronal es otro modelo. No parece un conglomerado de "si" y "si no", sino una fórmula matemática larga y compleja como:

a*10+b*15+c*16+20...

Del mismo modo, un programa buscará posibles combinaciones.

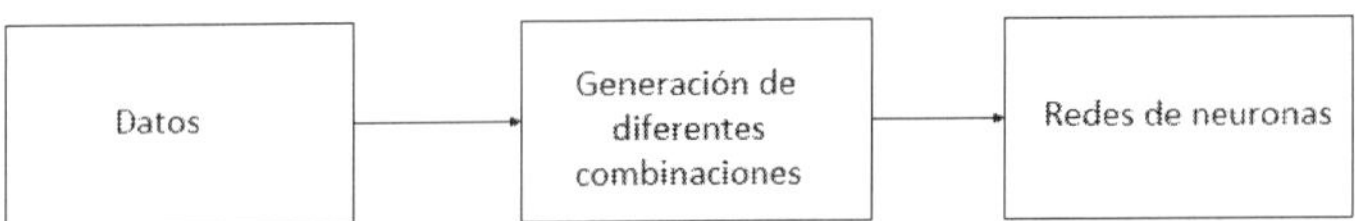

El ordenador aprende de los datos generando varias fórmulas matemáticas y evalúa cuál representa mejor nuestra información.

4. Motores de recomendación y álgebra lineal

Sería difícil entrar en todos los detalles, pero recordemos que se aplica el mismo principio que para los otros tipos de modelo: un algoritmo genera distintas combinaciones a partir de los datos para derivar una estructura registrada en un modelo.

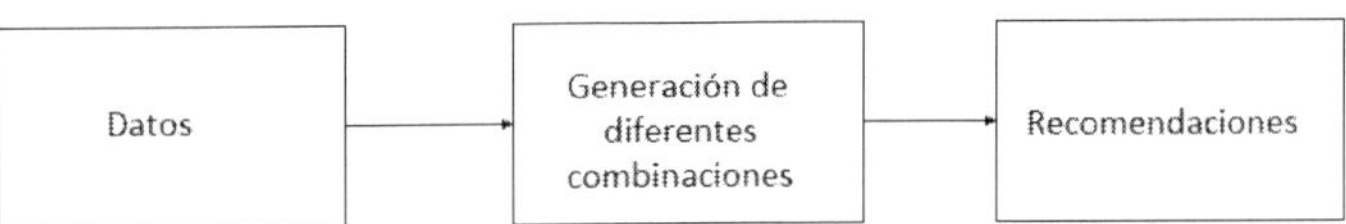

Probablemente necesitaríamos toda una sección para explicar esta generación de diferentes combinaciones. Tenga en cuenta que, en el caso de la recomendación, estamos aplicando un método del álgebra lineal. Ésta es la rama de las matemáticas que se ocupa de los vectores y las matrices. En lenguaje más común, hablamos de matrices. Lo interesante es saber que este conocimiento es antiguo. Se remontan a varios siglos atrás. La IA se basa en conceptos antiguos que ha sabido informatizar.

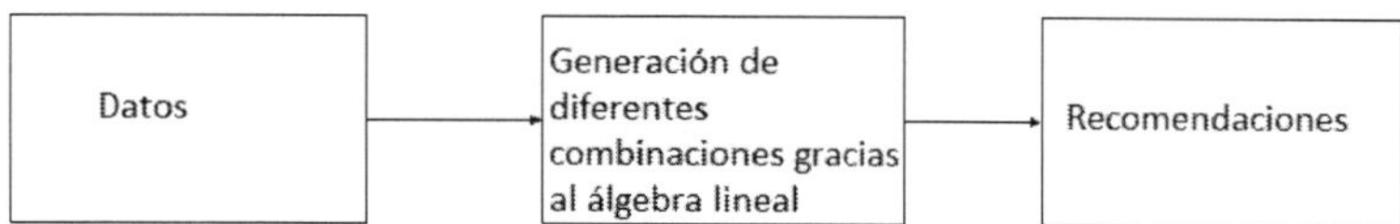

5. Probabilidad y estadística inferencial

No vamos a estudiar todos los algoritmos posibles e inimaginables presentes en el mundo de la IA. Pero hay varias cosas que podemos decir sobre los que hemos estudiado.

Cada vez, tenemos un par. Por un lado, están los modelos que queremos obtener: un árbol de decisión, una fórmula o recomendaciones. Por otro lado, están los algoritmos para llegar a ellos. Son diferentes, pero todos giran en torno al mismo principio: generar diferentes combinaciones para encontrar la estructura que mejor represente los datos.

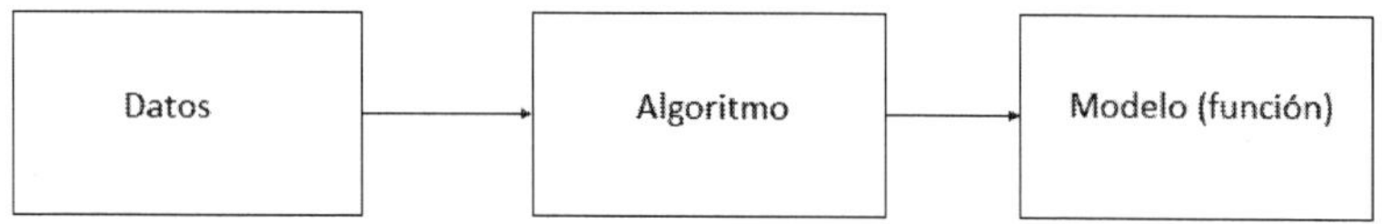

A continuación, obtenemos las probabilidades. Esto significa que, en todos los casos, el algoritmo intenta tener el mejor modelo posible, pero no es perfecto. La máquina intenta generar una fórmula, construir un árbol de decisión u obtener recomendaciones satisfactorias pero no exentas de errores.

Los modelos entran dentro de lo que se conoce como "estadística inferencial". En otras palabras, tenemos una representación parcial de una situación.

En el entrenamiento, estas estadísticas inferenciales se recopilan mediante un algoritmo que crea un modelo.

En la inferencia, utilizamos este modelo. Lo inferimos a otro entorno.

E. Deshacerse de las fantasías asociadas a la IA

1. IA e inteligencia

Ahora que hemos repasado algunos de los entresijos de la IA, echemos otro vistazo a las metáforas que utilizamos para hablar de ella. Esta será una oportunidad para contrarrestar de una vez por todas las fantasías que plagan la disciplina.

No, la IA no es inteligente. Definir la inteligencia es un asunto arriesgado, pero una cosa es cierta: la IA no es como nosotros. No es lo mismo que la inteligencia humana. Lo mismo ocurre con la inteligencia animal. Quizás algún día la IA se fusione en apariencia con una persona real. Pero difícilmente podemos llamar inteligente a esta masa de código. Por eso algunos expertos en la materia prefieren hablar de inteligencia aumentada. Durante mucho tiempo, fue incluso tabú para los equipos de científicos de datos e ingenieros utilizar el término "inteligencia artificial". Probablemente se refería demasiado a máquinas capaces de decidirlo todo por sí mismas.

Las aplicaciones de las que hablamos nunca harán otra cosa que aquello para lo que fueron codificadas. Sin duda, los datos influirán en su comportamiento. Pero no podemos esperar que la IA improvise. Del mismo modo que no podemos esperar nada de estos programas, tampoco podemos esperar una creación real, al menos no en el sentido en que la entendemos en los seres humanos. Programas como ChatGPT pueden ilusionarnos, pero sólo son eso: ilusiones.

2. IA y aprendizaje

La IA no aprende como un niño. Es cierto que ésta es la metáfora que subyace a la idea. Pero el proceso de registro de la información no tiene nada que ver. En un caso, el del ser humano, aún no está claro para los científicos. Queda mucho por descubrir. En el segundo caso, aunque es complejo de entender y a menudo difícil de explicar, con paciencia se puede captar lo que ocurre. Tiene un lado mecánico y lógico, pero desde luego no es el tipo de educación que se daría a los niños.

3. La IA y el cerebro humano

La IA no tiene nada que ver con el cerebro humano. Sí, hablamos de redes neuronales. Pero eso es sólo una imagen. Los dos sistemas son muy diferentes. Uno es mucho más complejo que el otro. La IA, en cambio, es desconcertantemente fácil.

Todas las palabras mencionadas son obstáculos verbales para nuestro conocimiento de estos sistemas. Por eso es necesario ser consciente de sus limitaciones. Sin embargo, en aras de la simplicidad, mantendremos todos estos términos durante el resto del libro.

4. Singularidad

La singularidad tecnológica, a menudo abreviada como "singularidad", es una teoría futurista que se refiere a un punto hipotético en el que la tecnología, y la IA en particular, superan a la humanidad. Sería la llegada de una superinteligencia incomprensible para la sociedad. El riesgo sería que las personas perdieran el control y la era humana llegara a su fin, ya que las máquinas habrían encontrado los medios para reproducirse a sí mismas.

Esta posibilidad fue contemplada ya en los años 50 por varios científicos y escritores. Hoy, sin embargo, es difícil verlo como algo distinto a un escenario de ciencia ficción. Hay varias razones para ello. En primer lugar, como ya se ha dicho, la inteligencia artificial no puede hacerlo todo. Además, aún no sabemos cómo funciona la inteligencia humana, ni siquiera la animal. Nos queda mucho camino por recorrer. Nos enfrentamos a importantes obstáculos técnicos: el tamaño de las máquinas, los límites de las redes neuronales artificiales, la falta de datos, etc. Por último, no olvidemos que el éxito de una tecnología también depende de lo bien que la manejen los humanos. Sólo habrá superinteligencia si la humanidad lo desea.

F. En pocas palabras

- Construir una IA implica varias etapas. Muchas de ellas se refieren a la manipulación de datos.
- Al final, el proceso da lugar a que esta secuencia se ponga en forma de lenguaje informático. Al final, obtenemos un código que expresa los distintos conceptos del aprendizaje automático.
- Son variados y más o menos complejos.
- Una vez que te acercas a un motor de IA, puedes echar un vistazo a las metáforas utilizadas en todo momento para identificar sus limitaciones.

En esta sección, echamos un vistazo más de cerca al interior de las IA. Lo que vemos no tiene nada de mágico. Puede resultar abstruso a primera vista, pero cuanto más rascamos la superficie, más comprendemos los signos que tenemos delante y las teorías que llevan consigo. Es casi aburrido. ¿Podría ser éste el tipo de programa que sustituya a los trabajadores?

Parte 3 - Impacto de la IA en los empleos: entre sueños, pesadillas y decepciones

Capítulo 3-1
El fin del trabajo con las IA: ¿sueño o pesadilla?

A. La historia de Soraya y la IA

El lunes por la mañana, en la sala de personal, Soraya se encontró frente a frente con Julie, quien le dedicó una breve sonrisa antes de retomar, sin dar más explicaciones, su conversación con un desconocido. El desconocido, un hombre de unos cuarenta años, escuchaba atentamente a Julie. Movía las piernas nerviosamente, como si hablar de pie le incomodara. Pensándolo bien, quizás era por el discurso de Julie. Estaba exclamando con pequeñas risas que parecían incontroladas:

— ¿Te lo puedes creer? La chica dejó su trabajo porque estaba harta de competir con la IA.

La barbilla de Soraya podría haber caído al suelo. Pero Nico le había advertido: "Las IA ya han sustituido a los trabajadores".

Levantó la mano en un reflejo infantil para hablar. Pero Julie sacudió su sofisticado cabello.

— Lo haré más tarde. Ahora mismo, necesito calmarme.

¿Calmarme? *¿Julie estaba enfadada? Su risa improvisada lo disimulaba bastante bien. ¿O era su original forma de expresar su frustración? ¿Furia porque una pobre chica estaba luchando contra la aparición de un nuevo poder económico opresivo? No tenía sentido.*

Con un nudo en la garganta, Soraya se dirigió a su escritorio. Lo examinó detenidamente. Probablemente pronto tendría que abandonar este entorno. Y esta vez, el Ayuntamiento no volvería a llamarla.

Fue la entrada de Christophe y su cortés, demasiado cortés, saludo lo que la sacó de sus mortificantes reflexiones.

Saltó de la silla y se plantó delante de él.

— ¿Por qué no nos avisaste antes de que llegara el equipo de Julie? ¿Y cuál es el verdadero objetivo de este proyecto? ¿Modernizar nuestro trabajo es idea tuya, del Ayuntamiento o una necesidad real?

Ya no tenía nada que perder. Las palabras fluían ahora con una facilidad desconcertante.

— Las recomendaciones son nuestra actividad principal. ¿No se te ha ocurrido pensar que podríamos sentirnos ofendidos por las decisiones que has tomado por tu cuenta?

Christophe sacudió los hombros, como avergonzado. Finalmente, respondió:

— Nadie... nadie tiene intención de despedir o sustituir a nadie. Ningún estúpido programa informático será capaz de recibir al público, organizar actos o exposiciones, o ayudar a los internautas en sus investigaciones. Una biblioteca hace mucho más que dar consejos a las personas. Y a los lectores les encanta ese contacto humano.

La tensión acumulada en los músculos de Soraya se alivió un poco. ¿No tenía razón? ¿No galopaba el miedo de Soraya demasiado rápido?

— ¿Qué quiere de mí? ¿Cómo puedo colaborar realmente en esta iniciativa?

- Bueno, ¿te acuerdas del tipo con el que estaba hablando Julie? Necesita información sobre los hábitos de los lectores. Podrías colaborar.

— De acuerdo, pero esta vez no me vas a dejar en la estacada. Si voy a trabajar con él, quiero que realmente me des los medios.

— Cuenta con ello.

Soraya respiró hondo. Por fin, quizá estaba frente a una oportunidad.

B. El sueño de dejar de trabajar

1. Una visión utópica

Para deshacernos de nuestras fantasías de un mundo sin trabajo, analicemos primero esta posibilidad. Empecemos con una visión puramente positiva de la situación. Soñemos con un planeta en el que las IA hagan por nosotros todo lo que no queremos que hagan. Imaginemos a la Soraya del futuro despertando.

Son las ocho de la mañana. Soraya se despierta lista para comenzar el día. Sin presiones. No tiene nada planeado para hoy. Es viernes y no siente el agotamiento típico de una semana llena de estrés. Se estira suavemente y va a la cocina. Mientras se prepara el café, deja vagar sus pensamientos. Quizá esta mañana dibuje o aprenda un nuevo concepto matemático. Esto de la inteligencia aumentada le llama mucho la atención. Ahora que ha aprendido todo lo que puede sobre IA, estadística y computación, le encantaría ir un poco más allá. Suspira de placer. Pero no hay prisa. Tiene tiempo. Mucho tiempo. Como las IA se ocupan de todo, ella puede ocuparse de sí misma.

2. Una sensación de plenitud gracias a la IA

Podemos ver claramente la sensación de plenitud que siente Soraya. Liberada de las limitaciones económicas, puede dedicarse a sus negocios. Cada día se le abre un mundo de posibilidades. Puede dedicarse a una actividad creativa. Pero sin ataduras. Cabe señalar que en un entorno en el que las IA trabajen para nosotros, ni siquiera sería necesario producir obras de arte. Los descendientes de aplicaciones como los generadores de historias e imágenes se encargarían de eso por nosotros.

Aun así, Soraya podría dedicarse a dibujar. Lo haría por su propio placer. En un mundo ideal, podríamos elegir dedicarnos a tal o cual tarea. Que las IAs puedan hacer algo no significa que nosotros no podamos hacerlo también. La palabra clave en un universo así sería felicidad. Si somos felices pintando un retrato, aunque una IA lo haga mejor que nosotros, no tendremos ningún problema en ponernos a ello. El resultado final tendrá ese sabor casero que tanto nos gusta.

Así es como Soraya puede seguir aprendiendo. Sus conocimientos ya no tienen valor económico. Antepone la alegría de aprender a la necesidad económica. En el mundo actual, Soraya es una bibliotecaria estresada. Almacena sus conocimientos de IA para no perder su trabajo y, por lo tanto, su medio de vida. En nuestra anticipación onírica, si Soraya sigue adquiriendo conocimientos, es por puro deseo y sin presiones. Es más, es capaz de acumular mucho más de lo que haría en una sociedad donde el trabajo es el rey. Lo que le puede faltar, sin embargo, es un verdadero propósito. Pero éste puede seguir existiendo sin estar atado a una limitación presupuestaria. Por ejemplo, pintar un cuadro para un regalo puede ser suficiente.

3. Un ritmo de vida diferente gracias a la IA

En nuestra proyección utópica, el ritmo de vida de Soraya se adaptaría a sus deseos. Se levanta cuando quiere. No necesita tener un horario fijo. De hecho, lo más loco de un mundo sin trabajo es el tiempo del que dispondríamos. Todos carecemos de él. Las IA podrían sustituirnos y servírnoslo en bandeja de oro. No hay que sentirse culpable por estas bestias. Ahora que nos hemos codeado con los desarrolladores, sabemos que las IA no son más que máquinas.

4. Un mundo confortable gracias a la IA

Más allá de la posibilidad de dar rienda suelta a las propias pasiones, un universo así podría proporcionar un mayor confort. Si la IA progresa hasta el punto de sustituir a todos los trabajadores, es seguro que complementará nuestras herramientas cotidianas. El café de Soraya, por ejemplo, se lo haría una IA capaz de adaptarse a su estado de ánimo del día. El despertador de Soraya podría dejar de ser un timbre de teléfono común para convertirse en un colchón inteligente que calcula cómo y cuándo ayudarla a despertar de su sueño.

La llegada de la IA es también la llegada de los datos y, por tanto, de la racionalización. Si todo se mide constantemente, podemos imaginar la cama de Soraya analizando su cuerpo para detectar una enfermedad, grave o no, antes de que esté demasiado avanzada, y proponerle un tratamiento. El tratamiento podría venir de un dron que entraría en su piso y vertería el medicamento en su café. La sustancia sería el sabor favorito de Soraya, porque todo sería muy personalizado.

En nuestro mundo onírico, suponemos que la gente puede dedicarse a sus asuntos. No están muertas. Simplemente se llevan a cabo sin limitaciones, es decir, sin pensar en la supervivencia.

C. La pesadilla de un país de parados

1. Una visión distópica

Imaginemos ahora otro mundo, más bien distópico. Contemos la historia del despertar de una Soraya mucho más apagada, todavía en el futuro.

Son las cinco de lamadrugada. Soraya se despierta empapada en sudor, agotada tras otra noche de ansiedad. Ha pasado el día anterior buscando una biblioteca o librería que valore sus conocimientos, aunque sea para unas pocas horas de trabajo. La presión aumenta. No le queda ni un céntimo. Es sábado. Mañana es domingo y no hay ninguna posibilidad de encontrar un trabajo remunerado. Salta de la cama y corre a la cocina de su ridículo estudio. Mientras remueve los restos de un café en agua bastante tibia, se mira con asco las uñas, mordidas hasta el extremo. Quizá esta mañana se le ocurra algo. Para ello, tendría que adquirir aún más conocimientos para competir incluso con las todopoderosas IA. Suspira con tristeza. Se le acaba el tiempo. Demasiado. Desde que las IAs se encargan de casi todo, ya no tiene ni un minuto para sí misma.

2. Distribución desigual de la riqueza

Se trata de un escenario muy diferente del primero. En éste, la situación de Soraya es aún más precaria que la actual. Tiene que mendigar unas horas de trabajo cada día para llegar a fin de mes.

Las IA por sí mismas no han tomado el control de nuestras vidas. Evitemos este escenario catastrofista, que es nebuloso y no se basa en ninguna veracidad científica. No, las máquinas formadas por matemáticas y código no van a hacerse con el poder. Sí podrían hacerlo las empresas y los gobiernos. En cualquier caso, es una proyección más realista. Así, en este mundo, mientras la IA genera riqueza, sólo unos pocos son capaces de hacerse con ella. Las desigualdades aumentan. Soraya, que carece por completo de conocimientos técnicos, se encuentra en lo más bajo de la escala. Se ve obligada a sobrevivir día a día.

En su afán por reducir costes, las empresas han acabado desplazando a casi todos los trabajadores. El planeta se ha convertido en una tierra de parados, con poca o ninguna ayuda. No hay suficiente para todos. Ante el empobrecimiento de las naciones, los gobiernos han empezado a culparse unos a otros. Esta búsqueda de culpables ha provocado conflictos entre Estados, debilitando aún más a las poblaciones.

En este mundo, no hay consuelo para Soraya. Podemos imaginar que los programadores tienen acceso a pisos equipados con numerosas IA. Pero Soraya no dispone de nada de eso. Tiene que conformarse con un mal café en un pequeño estudio.

3. IAs con errores que normalizan el mundo

Además, aunque Soraya no tiene IA, tiene que vérselas con ella cuando se enfrenta a las autoridades o a cualquier otra empresa. Ya de por sí rígidos, con la llegada de la IA se han transformado en marionetas desarticuladas. Racionalizan el comportamiento. No hay lugar para la improvisación. Si tienes la mala suerte de no encajar en las cajas, te espera un viaje absurdo e interminable. Por no hablar de los errores que aparecen de vez en cuando. Como todo el mundo está informatizado, contiene fallos de funcionamiento imposibles de frustrar. Antes, un humano salvaba el día tomando el control, pero eso ya es historia. Ahora, si la máquina falla, estás atrapado.

4. Un mundo revuelto por la IA

En este mundo, Soraya se encuentra ansiosa y sometida a un estrés máximo. Pero no está dispuesta a dejarse vencer. Mañana es domingo, y con ello la imposibilidad de encontrar un sueldo hasta el lunes siguiente. Pero también es el día de las manifestaciones. Como siempre, Soraya se unirá a unos cuantos amigos, levantará pancartas, recibirá gases lacrimógenos y puede que incluso le vuelen la cabeza. Se irá a casa contenta. Al menos habrá expresado su descontento.

Son estas acciones las que dan sentido a la vida de Soraya, porque sin trabajo le falta desesperadamente. Se siente como un parásito en una sociedad que no tiene sitio para ella.

D. Una realidad más matizada

1. Lo que dicen los estudios científicos

Acabamos de ver dos visiones del mismo fenómeno: la sustitución de los trabajadores por las IA. Por un lado, hemos tenido una visión utópica; por otro, una visión distópica. En ambos casos, hemos asumido que sí, que la inteligencia artificial nos sustituirá. Aunque es intrínsecamente difícil predecir el futuro, debatamos la cuestión con los datos que tenemos hoy.

Ya sabemos que la IA se compone de matemáticas y código que intentan representar una realidad. Si nos pusiéramos los medios, podríamos automatizarlo casi todo. ¿Podríamos? Veamos qué dicen los científicos.

Se ha hablado mucho de un estudio que ha vuelto recientemente a la palestra. Según el trabajo de Michael Osborne y Carl Benedikt Frey, el 47% de los empleos podrían automatizarse. El estudio se publicó en 2013. Sin embargo, sigue sirviendo de base para anunciar nuevas cifras siempre significativas. Sin embargo, algunas voces se alzan y las consideran sobrevaloradas. Los propios Osborne y Frey explican que su investigación ha sido malinterpretada. El término "automatizable" no debe confundirse con "sustituible". En el primer caso, significa que una máquina puede hacer todo o parte de tu trabajo, en el otro que tu trabajo ha desaparecido por completo. Hoy en día, casi todos los empleos funcionan con ordenadores. Siguen existiendo. Que una o varias de las tareas de un trabajo puedan ser sustituidas por un autómata no significa que el ser humano desaparezca de escena.

Es más, Osborne y Frey explican que su resultado puede parecer una locura si se imagina este cambio a lo largo de cinco años, pero es mucho menos aterrador a lo largo de cincuenta o cien. Muchas profesiones han desaparecido de nuestro paisaje a lo largo de los siglos. Pero no lo vemos como una pérdida. Algunos museos exponen colecciones sobre el tema. Nos hacen retroceder en el tiempo con placer. Pero no nos ofende dejar de encontrar un taquillero a la entrada de un transporte público. Visto desde este ángulo, las predicciones de este tipo de estudios son menos aterradoras.

Los críticos también le restan importancia. La economista Melanie Arntz cree que la cifra está inflada. En su opinión, una de las hipótesis de Osborne y Frey no se sostiene. Las ocupaciones que estudian no son tan fijas como suponen. Si pidiéramos a distintas personas de la misma profesión que nos hablaran de su día a día, obtendríamos un amplio abanico de tareas, bastante divergentes de las expectativas oficiales de la descripción de un puesto de trabajo. Para ella, hay dos proyecciones posibles: o el trabajo se mantiene estable, o crea oportunidades. También subraya el hecho de que, al presentar un futuro hipotético, hay que pensar en la aceptación de la gente. Si la gente no está preparada para utilizar una nueva tecnología, puede que no funcione.

Antonio Caselli, sociólogo del trabajo, también cree que estas cifras están infladas. Su argumento es interesante. En el estudio de Osborne y Frey, y en otros posteriores, sólo se tiene en cuenta una muestra de profesiones. En las conclusiones iniciales, la cifra era del 10%. Este resultado se aplicó a todos los oficios. Pero, ¿representa realmente la muestra a la población? ¿No se basa únicamente en las profesiones más conocidas y codificadas?

2. Lo que dice la historia a grandes rasgos

Economistas, sociólogos e investigadores en los campos del trabajo y la tecnología no coinciden en las mismas conclusiones. Si estos científicos no nos ayudan, ¿nos sería más útil la Historia? En los tres últimos siglos hemos asistido a profundos cambios en la sociedad desde el punto de vista tecnológico. Echemos un vistazo a ellos para ver qué impacto han tenido en nuestras profesiones.

Empecemos por la primera revolución, la de la máquina de vapor y la mecanización, que relegó la agricultura a un segundo plano. La máquina de vapor y la extracción masiva de carbón aportaron nuevas energías y nuevos materiales. Fue también la llegada del ferrocarril. Las primeras ideas sobre la máquina de vapor se remontan a la Antigüedad, pero no fue hasta 1762 cuando James Watt ideó una digna de ese nombre, ya que se convirtió en un motor autónomo. En 1815 tuvimos la primera locomotora. Siguieron inventos notables. En el sector textil, se mecanizaron las máquinas de coser y apareció el telar de Jacquard. Fue un periodo de rápido desarrollo. Se construyen centros urbanos, se adapta el modo de vida y aumenta la producción industrial. Las actividades cambian y las costumbres se modifican. Sería erróneo decir que no hubo protestas ni profesionales que se vieran obligados a cambiar o buscar otro oficio.

Este es el caso de algunos agricultores, y es en parte responsable del éxodo rural. Sin embargo, el trabajo sigue siendo importante y una de las piedras angulares de esta sociedad.

La segunda revolución llegó con la aparición de fuentes de energía como el gas, la electricidad y el petróleo. En 1897 nació el motor de combustión. Aparecieron los inventos: la bombilla, el teléfono, el automóvil y el avión. Fue también la llegada del taylorismo y del fordismo. Se racionalizan las tareas. La economía se orienta hacia el accionariado y la globalización. Fue un periodo no exento de revueltas y cambios. Pero no supuso el fin del trabajo.

La tercera revolución llegó con la aparición de la energía nuclear. Aparecieron nuevos materiales como la silicona. Los medios de comunicación se diversifican con la creación de Internet. La informática estaba aún en pañales, pero se avanzaba en la miniaturización de sus componentes. También es la época de la conquista del espacio. Los cambios eran visibles en la vida cotidiana y el trabajo de las personas. Había que adaptarse. Sin embargo, una vez más, salimos de esta época sin habernos desprendido de la pesadez de levantarnos por la mañana y dedicar largas jornadas de esfuerzo.

Jérôme Béranger, doctor en ética digital, introduce el concepto de cuarta revolución: la revolución inmaterial. Surge con la masificación de las tecnologías de la información. 1990 marcó la aparición más popular de Internet: la Web. A partir de entonces, casi todas las empresas se equiparon con ordenadores, aunque sólo fuera para tareas auxiliares. Fue el advenimiento de plataformas como Uber, BlablaCar y Amazon. Las estrellas de hoy son los empresarios del mundo informático: Marc Zukenberg, Elon Musk y Bill Gates. También hay una explosión de la cantidad de información que circula a todas las velocidades, lo que permite disponer de datos y, por tanto, de IA. ¿Estamos en los albores de una nueva era? ¿Nos van a suplantar los robots? Eso está en el futuro. Así que es difícil de decir. Pero Antonio Caselli plantea la pregunta: ¿por qué esta revolución debería ser diferente de las anteriores? Sin negar el impacto sobre el empleo, ninguna tecnología ha erradicado el trabajo de nuestras vidas. Cada vez que aparece una tecnología, causa impresión. Su novedad es perturbadora. Pero, ¿no es en eso en lo que consiste el progreso técnico? Se habla a cada paso de la desaparición de los profesionales. Sin embargo, seguimos aquí.

Si echamos la vista atrás tres siglos, ¿ha habido alguna vez un mundo sin trabajo? ¿Es tan imposible de imaginar? De hecho, hay al menos dos épocas que no se construyeron en torno al trabajo: la Antigüedad y el Feudalismo. En la primera existía una sociedad esclavista, en la segunda un complejo sistema entre señores y campesinos. En ambos casos, aunque la profesión como tal no existía o no estaba reconocida como hoy, la actividad creadora de valor sí existía.

Desde un punto de vista histórico, lo que está ocurriendo es más bien un cambio de naturaleza. La agricultura quedó relegada a un segundo plano en la primera revolución, luego le tocó el turno al sector secundario. Ahora es el sector terciario el más afectado. ¿Desaparecerá en favor de una nueva forma que aún no conocemos? ¿O se transformará radicalmente? Lo que es seguro es que el trabajo está cambiando y seguirá haciéndolo.

3. Conmoción tecnológica que provoca enfrentamientos y revueltas

La historia de los dos últimos siglos no nos muestra un mundo sin trabajo. Y, sin embargo, debemos reconocer los puntos de fricción que se han producido en cada punto de inflexión. Tomemos, por ejemplo, las revueltas de los canuts. La aparición del telar Jacquart en la industria textil supuso un cambio tecnológico que no todos apreciaron. Los obreros lo vieron como un competidor y se rebelaron contra las máquinas. En vano, ya que el nuevo invento se adaptó en contra de los deseos de los trabajadores.

También en el sector minero se avecinan tiempos difíciles. Una de las principales causas de muerte en la minería del carbón son los corrimientos de tierra. Pero los mineros estaban prevenidos. Solían hacer pinos en las galerías. Antes de derrumbarse, esta madera emitía un ruido característico. Los mineros decían que "cantaba". Era la señal para huir. La llegada de los martillos neumáticos rompió este truco. Además de que estas nuevas máquinas podían causar problemas de sordera, ya no podían oír la alarma que emitían los tablones y troncos de pino. Sin embargo, los gerentes están imponiendo esta tecnología. Aporta mayor rentabilidad, independientemente de las consecuencias para los trabajadores.

El propio fin de la minería tuvo un efecto en cadena en varias regiones de Francia, dejando a la gente sin trabajo y aumentando la pobreza. Es cierto que la razón de este cambio no fue el uso de máquinas, sino el desplazamiento del trabajo. Hay que señalar que, en este caso, los trabajadores sin empleo se encontraron en grandes dificultades y los pueblos se empobrecieron. Antes de llegar a esta conclusión, ya había comenzado el declive de los trabajadores en las minas. Con la llegada de nuevas máquinas, más rentables y potentes, se necesitaban menos personas. Este cambio no siempre estuvo exento de dolor y revueltas.

¿Qué mundo nos espera? Las fuentes científicas e históricas nos incitan a ser prudentes a la hora de hacer predicciones utópicas o distópicas sobre el futuro. Aunque el fin del trabajo no parezca inminente, está abocado a evolucionar, y estos cambios no carecen de consecuencias.

E. La IA no es un problema en sí misma

1. La distribución de la riqueza generada por la IA es una cuestión clave

Sustituir a los trabajadores por la IA es una predicción que debe tratarse con cautela. Pero aparte de esta pregunta, ¿no hay otra subyacente? ¿Por qué supondría un problema? Hemos visto que no hay ninguna posibilidad de que los ordenadores lleguen a controlarnos de forma autónoma. Son el resultado de hombres y mujeres que los codifican y los piensan. Sin embargo, en el segundo escenario, Soraya no vive muy bien. ¿Se debe esto realmente al progreso tecnológico?

Si analizamos la situación, nos damos cuenta de que el problema no radica ahí. Uno de los primeros retos es el reparto de la riqueza. En el primer escenario del futuro de Soraya, podemos asumir que las ganancias se distribuyen equitativamente entre las poblaciones, beneficiando a todos por igual. En la segunda, unos pocos monopolizan el poder y el dinero. Si la IA erradicara un mayor o menor número de profesiones, se plantearía la cuestión de la redistribución de la riqueza. La innovación en IA cuenta actualmente con el apoyo de los gobiernos. Contrariamente a las apariencias, aunque el sector privado contribuye, los gobiernos también invierten mucho. Si los esfuerzos son compartidos, no hay razón para concentrar los beneficios en un apretón de manos.

2. Si el trabajo ha de desaparecer, el valor del trabajo debe cuestionarse

Otro elemento que hace infeliz a la "segunda Soraya" es el valor del trabajo, o más exactamente del empleo remunerado y reconocido. Privada de él, siente que ha perdido todo sentido. Sin embargo, sociedades sin tales estructuras han existido en el pasado, y es probable que reaparezcan algún día. Si la IA adquiere un papel más importante en nuestras empresas, tendremos que revisar los valores de nuestra sociedad, preguntarnos quiénes somos y qué es importante para nosotros en este nuevo mundo. Esperemos no volver a los tiempos de la esclavitud o el feudalismo, pero quizá quede por construir otro sistema más feliz y sin empleo.

3. La comunicación en torno a los proyectos de IA

Para poner los pies en la tierra sobre la forma en que Christophe está gestionando el proyecto en su biblioteca, ha sido torpe en su comunicación desde el principio. En primer lugar, oculta la llegada de Julie y sus intenciones. No explica de ningún modo de dónde viene esta idea de modernización, aparentemente lanzada en paracaídas de la nada. Sin duda tiene buenas razones, pero los empleados no tienen ni idea. Su inquietud es comprensible. Lo que oyen sobre la IA no ayuda. Julie y su equipo añaden otra capa al apenas hablar con Soraya.

Poner una herramienta digital en manos de los usuarios, sean quienes sean, no puede hacerse como hemos visto en nuestra historia. El puesto de Soraya no está asegurado. Esta "modernización de la biblioteca" podría significar que ella tendrá más tiempo para dedicarse a otras tareas. Es lo que ocurre a veces en las profesiones cuando llega la automatización. También podría significar que Soraya trabaje menos por el mismo sueldo. Pero también podría significar que la biblioteca ya no necesita tanto personal, o que Soraya tendrá que lidiar con nuevas aplicaciones con errores que no facilitarán su trabajo. Es difícil saberlo a estas alturas de la historia. En cualquier caso, no es la actitud de su jefe lo que va a ayudar a la confianza de Soraya. Un plan como al que se enfrenta debe ir acompañado de comunicación y explicaciones. Sin tener que dar cuenta línea por línea de lo que Tania está codificando, se trataría de indicar los objetivos generales y lo que se espera o no de los empleados.

De hecho, lo que falta, tanto en el proyecto en el que participa Soraya como en la empresa, es gestión del cambio. En lugar de levantar espantapájaros cada mañana y gritar que la IA nos va a sustituir o despedir a todos, sería más sano hablarlo con calma, preguntarnos adónde queremos llegar y cuáles son los hitos. Es una forma de implicar tanto al personal de la biblioteca como al público en general. Por supuesto, no es fácil poner a todo el mundo de acuerdo, pero no por ello se puede dejar de consultar.

4. Un mundo complicado incluso sin IA

Imaginamos un futuro distópico para la "segunda Soraya". Sin embargo, la sociedad actual no ha esperado a las IA para plantear su cuota de dificultades. En el presente, Soraya lucha por asegurar su puesto de trabajo. Siente muchas limitaciones sociales y económicas. No sabe si podrá irse de vacaciones porque no sabe si tendrá dinero. Está sometida a mucha presión y le gustaría encontrar la manera de continuar en su trabajo. Esta situación no se debe a ninguna tecnología. Al centrarnos tanto en el mundo de mañana, corremos el riesgo de pasar por alto los problemas de hoy. El desempleo ya existe. El desajuste entre las cualificaciones y los empleos disponibles no es nada nuevo. Del mismo modo, las tecnologías de la información ya nos encierran en opciones a veces absurdas.

5. La llegada de la IA a la sociedad capitalista

La IA actual surge en un mundo capitalista centrado en el beneficio. Como ocurre con los martillos neumáticos de los mineros, si la IA es más rentable, bien podría imponerse en más de un sector. Sin embargo, en una sociedad diferente podría escribirse una historia totalmente distinta. La IA como tecnología no es responsable de tal o cual problema. Una vez más, puede que no estemos mirando en el lugar adecuado. Es el ecosistema en el que surge lo que la hace peligrosa para los trabajadores. Lo que vemos como utópico o distópico no son los programas en sí, sino el entorno en el que aparecen. No son más que código, pero este código ha sido escrito por desarrolladores y encargado por empresas y gobiernos que pueden utilizarlo para imponer su visión. Unida a los intereses de rentabilidad, la IA podría amenazar el empleo.

Del mismo modo, es también la sociedad capitalista la que establece el trabajo como valor indiscutible. Otras corrientes de pensamiento proponen alternativas. La renta universal es un ejemplo. El concepto consiste en pagar a la gente tenga o no trabajo. La idea de gravar las máquinas para redistribuir el dinero en beneficio del bien común tampoco es nueva y, si sustituyen a los asalariados, no es descabellado pensar en ello como una solución viable.

Dejar de poner el trabajo en un pedestal es también ayudarnos a encontrar otra forma de realización. Aprender a dibujar o descubrir el álgebra lineal podría hacerse sin limitaciones.

Esto demuestra que la IA no es necesariamente la culpable, al menos no la IA como entidad tecnológica.

Así pues, son las condiciones en las que surge las que influyen en el futuro de la IA y en su impacto social.

F. En pocas palabras

- Por un lado, podemos imaginar un mundo en el que, gracias a la IA, ya no necesitemos trabajar y, por tanto, podamos dedicar todo el tiempo que queramos a nuestras actividades favoritas.
- Por otro lado, podemos precipitarnos hacia una visión más catastrófica de una tierra de parados que luchan por sobrevivir y cuya única salida es la revuelta.
- Tanto desde un punto de vista científico como histórico, ambos temas invitan a la prudencia en estas dos proyecciones. Sin embargo, las dificultades asociadas al cambio social no son insignificantes.
- No se trata sólo de imaginar escenarios pesimistas, sino también de estudiar lo que los conforma. Así, si partimos de la base de que la IA acabará con el trabajo, nos damos cuenta de que nuestra capacidad para hacer frente a esta situación no reside en la tecnología en sí, sino en nuestra forma de entenderla y hacerla funcionar con nuestra vida cotidiana. El entorno en el que se produce la IA tiene un gran impacto.

Así que es difícil afirmar con certeza que la IA acabará con el trabajo. Sin embargo, no debemos negar el impacto presente y futuro de esta tecnología en los trabajadores.

Capítulo 3-2
Empleos en riesgo y nuevas oportunidades

A. La historia de Soraya y la IA

Christophe le presentó a Soraya al chico nuevo, que se llamaba Eran.

— Eran, te propongo que Soraya te acompañe en el proceso. Conocebien el pequeño mundo de los lectores.

Eran entornó los ojos en señal de asentimiento.

— Almorzamos juntos. En el restaurante.

No era una pregunta, sino una afirmación. Soraya aceptó en silencio. Eran simplemente añadió que la product owner se uniría a ellos para el postre. Soraya no tenía ni idea de lo que significaba aquel anglicismo tan feo, así que lo dejó pasar.

A mediodía, ya sentados a la mesa y justo cuando trajeron los entrantes, Soraya decidió lanzarse.

— He estudiado todo lo relacionado con la IA e incluso los motores de recomendación. El aprendizaje supervisado, el entrenamiento de datos y la evaluación de modelos me interesan ahora.

Los labios de Eran se curvaron con sorpresa antes de separarse.

—Pues mira, mejor para ti, porque yo no entiendo nada de esegalimatías.

A Soraya le dio un vuelco el corazón. ¿Por qué siempre fallaba el tiro?

Eran aclaró:

— Soy diseñador UI-UX.

Soraya arqueó una ceja. Más jerga.

—¿Y eso en qué consiste?

— Me ocupo de la interfaz de usuario y de su experiencia con los productos. Es un poco como ser diseñador, pero en el ámbito digital. El diseño está en todas partes y no significa hacer cosas bonitas, sino útiles. La inteligencia artificial no sólo necesita programadores expertos para desarrollarse. Se están creando infinidad profesiones en torno a este sistema.

Aquel tono didáctico, lejos de irritar a Soraya, la tranquilizó: no hace falta ser un friki devorador de código y estadísticas para seguir teniendo un sitio en el mundo con la llegada de estas nuevas tecnologías.

Eran se puso más serio y empezó a garabatear en una página de su cuaderno.

— A ver, dime algunas costumbres de los lectores.¿Qué sabes sobre ellos? ¿Cuáles son sus puntos débiles? ¿Qué crees que hay que tener en cuentaen la digitalización de los servicios?

La conversación se convirtió en una auténtica reunión de negocios, para regocijo de Soraya.

Al llegar el postre, la colaboración seguía fluyendo con entusiasmo cuando, tal y como estaba previsto, la product owner apareció. Soraya se frotó los ojos. No, no estaba soñando. Sí, aquella mujer demelena elegante y labios apretadosque se acercaba a ellos era Julie. Pero, ¿no era la jefa de proyecto?

B. Las profesiones amenazadas

1. El caso de los traductores

La IA tiene y tendrá un impacto en nuestras profesiones. Aunque siga siendo difícil de evaluar, podemos hacernos preguntas sobre el impacto que está teniendo en distintas profesiones, para comprender mejor lo que nos espera.

Julie cuenta la historia de una traductora que deja su profesión para evitar competir con las IA. La historia está llena de verdad. Muchos dejan su trabajo. La rivalidad con las IA no es un mito. A algunas les cuesta hacerse un hueco. En el campo de la traducción, las tareas de la profesión han evolucionado. Ya no se trata sólo de traducir desde cero, con un diccionario como única herramienta. No, programas como Google Translate o DeepL están demostrando ser extremadamente útiles. Cada vez se pide más a los traductores que no hagan una traducción, sino que comprueben que la que hace una IA se ajusta a las expectativas. El impacto es significativo.

Sin embargo, está claro desde el principio que existen algunas limitaciones. No cabe duda de que la traducción automática tomará el relevo en una serie de ámbitos, pero quizá no en todos. Imagínese trabajar en un documento legal. Los errores pueden salir caros y, como ocurre con los coches autónomos, ¿quién tiene la culpa si algo sale mal? Quizá sea nuestra búsqueda defectuosa del culpable. Quizá debamos aprender a prescindir de ella. Hoy en día, esto es difícil de prever. Para tener una traducción totalmente automática, tendríamos que dejarnos llevar.

Google Translate también es cada vez más utilizado por particulares. Los profesionales lo utilizan como base para su trabajo y, en algunos casos, como herramienta completa. Los internautas lo utilizan para sus necesidades personales. Del mismo modo que la edición de imágenes se hace más accesible gracias a la IA, los programas de traducción amplían las posibilidades de los humanos. Permiten a los particulares utilizar servicios que no habrían podido permitirse en ningún caso. Son más o menos conscientes de que la calidad es inferior y se contentan con un resultado aproximado.

2. El caso de los redactores

Un trabajo que tiende a desaparecer, al menos en parte, es el de redactor de contenidos. Esta afirmación debe tomarse con cautela, ya que depende de los productos que vendas y de las tareas a las que te refieras: crear contenidos SEO, describir un producto, redactar boletines informativos o redactar actas en reuniones.

Algunas personas han perdido literalmente su empleo. En otras situaciones, un puesto puede no haber sido sustituido cuando alguien se marchó.

3. El caso de los artistas gráficos

Las IA generativas como Midjourney han sustituido de facto a varios artistas en diversos proyectos. En lugar de recurrir a un trabajador, los comisarios han preferido seguir el camino de la IA. El trabajo necesita un humano para definirse. Sin embargo, donde antes se recurría oficialmente a un diseñador gráfico, ahora el trabajo se realiza internamente. Es el caso, por ejemplo, de las portadas de libros, algunas de las cuales son desarrolladas por IA.

Así que, en más de una situación, las IA están ahí. Están ocupando el lugar de los profesionales.

4. Más allá del empleo, los puestos de trabajo están amenazados

Si volvemos a los estudios que analizaron la automatización de las profesiones, ¿cuáles son sus previsiones para mañana?

Si damos crédito al estudio de Osborne y Frey, muchas profesiones desaparecerán de la circulación. En última instancia, todas las que no requieren interacción humana podrían seguir ese camino.

Es el caso del carnicero, por ejemplo. Para existir, esta profesión no requiere mirar al cliente a los ojos. Los gestos también pueden sustituirse por una combinación de sensores, IA y robotización. Ya en este enfoque, otros argumentarían que tenemos una visión demasiado simplista del carnicero. Necesitamos IA para preparar los pedidos, para saber qué vender y cuándo. En realidad, podríamos crear tantas IA como fueran necesarias para sustituir estas tareas. Habría dos problemas: no habría margen para la improvisación y el esfuerzo tecnológico sería enorme.

Quizá más que profesiones, lo que la IA asumirá serán tareas. Éstas pueden ser muy variadas. Cuando son precisas y tediosas, es sin duda donde la IA puede proporcionar el mayor alivio.

5. La informática, más que la IA, está sacudiendo el mundo laboral

De momento, puede que sean los ordenadores los que sustituyan a los trabajadores. Un gran ejemplo son las telefonistas. Antes de la llegada de los sistemas telefónicos automatizados, desempeñaban un papel crucial. Su trabajo consistía en conectar manualmente las llamadas. Dirigían las llamadas, proporcionaban información básica y facilitaban la comunicación entre los abonados.

Otro ejemplo elocuente es el de los cajeros. Cada vez es más posible escanear artículos y pagarlos uno mismo. Esta situación ha surgido gracias a programas informáticos de alto rendimiento accesibles a casi todo el mundo. Sin embargo, el trabajo no ha desaparecido del todo. Se ha trasladado a manos de los consumidores, un concepto que exploraremos con más detalle más adelante.

Más que los puestos de trabajo, lo que actualmente está amenazado por la IA son tareas específicas o ámbitos concretos. Es más, podemos ver que son más las TI en su conjunto las que se están automatizando que el aprendizaje automático, que en última instancia es solo una subparte de un todo mayor.

C. Profesiones actualizadas y sus límites

1. Carreras en TI, gestión de proyectos y diseño

Además de las pérdidas de puestos de trabajo, hablemos de los empleos que se están actualizando. Sin ánimo de ser exhaustivos, veamos varios de ellos para hacernos una mejor idea del impacto de la IA en el mundo laboral.

Cuando pensamos por primera vez en inteligencia artificial, las personas que nos vienen a la mente son desarrolladores. Llámense ingenieros o científicos de datos, todos llevan la programación en el moño. Los desarrolladores llevan ya varias décadas desempeñando su papel clave. Con la llegada de la IA, muchos se han especializado. Pero aparte de los que realmente programan el sistema inteligente, también están todos los que les rodean.

ChatGPT es una aplicación fascinante, pero su motor se diseñó hace varios años. De hecho, muchos expertos ya la habían probado antes de que saliera a la luz pública. Pero fue entonces cuando realmente despegó. Sin una interfaz agradable y fácil de usar, no tenía ninguna posibilidad de ganarse el corazón de los usuarios. Los desarrolladores web, en particular, ayudaron a vestir el modelo de ChatGPT y nos proporcionaron un vínculo fluido con las tripas de la herramienta. Le dieron cuerpo.

Así que este trabajo no debe pasarse por alto en el éxito de un sistema inteligente. Por eso Eran es tan necesario. Es un diseñador especializado en el ámbito digital, y más concretamente en IA. Esta es otra profesión que se está actualizando. Sin duda, Eran se basa en los fundamentos del diseño que aprendió en la escuela y los aplica al mundo de la IA.

Cuando pensamos en estos programas, pensamos sobre todo en los informáticos que hay detrás. Pero también hay profesiones menos técnicas que son necesarias para que estas aplicaciones sean un éxito. Julie es otro ejemplo. Gestora de proyectos, propietaria de productos... En todos los casos, participa en el desarrollo del producto, pero en un papel menos técnico, en el sentido de que no codifica ni se ocupa de estadísticas. El propietario del producto es una función muy específica que se utiliza en el mundo de la informática desde hace muchos años. Esta persona es responsable de definir la visión del producto y de trabajar con el equipo de desarrollo. Con la llegada de la IA, este papel se ha especializado. Es su forma de estar al día.

2. Lingüistas y estadísticos, protagonistas

Entre las profesiones que se modernizan hay algunas que casi habían desaparecido de la circulación o estaban relegadas a unos pocos campos de aplicación. Por ejemplo, los estadísticos y los lingüistas. Con la aparición de los sistemas inteligentes, vuelven a estar de moda. Esto es cierto en menor medida, ya que, como se ha explicado anteriormente, hoy en día no es necesario ser un experto en estadística para dedicarse al aprendizaje automático. Sin embargo, la profesión se ha actualizado.

Un chiste sobre IA imita a una persona que escribe "estadística" en una pizarra. No satisfecha, sustituye el enunciado por "aprendizaje automático", y luego otra vez por "inteligencia artificial". Entonces sonríe. El objetivo de esta breve secuencia es mostrar que la profesión de estadístico reaparece con otro nombre. Ya no la llamamos así. Sin duda se ha especializado, pero ha recuperado sus credenciales.

En cuanto al lingüista, este profesional del estudio científico del lenguaje tiene ahora mucho que aportar a la comprensión y generación de textos. Una vez más, pocas empresas recurrirán a este tipo de perfil. Pero esta profesión, antaño confinada al ámbito puramente literario, se ha visto propulsada a los campos tecnológicos más de moda.

3. Ámbitos emergentes con la IA en la personalización y el ámbito jurídico

La IA automatiza tareas. Pero también hay ámbitos en los que se revela por completo. La personalización es un ejemplo. Por supuesto, se pueden dar consejos puntuales a los clientes cuando se gestionan unas pocas docenas de ellos. Pero cuando se trata de cientos, miles o incluso millones de consumidores, la cosa se complica rápidamente. Sólo un sistema informatizado puede hacer frente a semejante reto.

Gracias a la IA, los contenidos ofrecidos en las plataformas de vídeo o audio son los que tienen más probabilidades de atraerle. Lo mismo ocurre con la publicidad, que se personaliza y tiene más posibilidades de llegar a la gente. Desde la llegada de los datos, la profesión publicitaria ha experimentado una metamorfosis, y la tendencia se acelera con la llegada de la IA. La publicidad aporta más ingresos, y por una buena razón, tiene un mayor impacto porque se dirige a los objetivos adecuados. Pero, ¿no es un poco peligroso que la IA potencie la publicidad y, por tanto, el consumo excesivo? Volveremos sobre este tema más adelante.

Hablemos de otra profesión que surgió con la explosión de la recopilación de información personal y que ahora está aún más en el centro del juego: el delegado de protección de datos (DPO). El GDPR, que entró en vigor en 2016, obliga a las empresas a respetar el consentimiento de los usuarios. Un sitio web no puede tomar información de un consumidor y hacer cualquier cosa con ella. Puede parecer fácil, pero no lo es. Muchos servicios tienen dificultades para cumplir el RGPD. Uno de los principales problemas es que el tratamiento de los datos de los espectadores, lectores u otros perfiles suele ser una de las principales fuentes de ingresos de las plataformas. El reto es seguir generando beneficios al tiempo que se cumple la ley. Aquí es donde entra en juego el DPO. Se trata de un abogado especializado en el RGPD. Con la llegada de la IA, se trata de un puesto de trabajo que se está actualizando, ya que muchas de sus tareas se centran en este tipo de sistemas.

La IA está influyendo en las tareas que realizamos a diario. Está abriendo nuevas posibilidades con la personalización, o modificando tareas ya existentes: el trabajo jurídico, el desarrollo de un proyecto informático, etc. Incluso está consiguiendo revitalizar algunas viejas profesiones, como las de estadístico o lingüista. Incluso está consiguiendo revitalizar algunas viejas profesiones, como las de estadístico o lingüista.

4. Los límites de estas profesiones actualizadas

Visto así, el futuro parece prometedor. Pero sigue habiendo una serie de problemas. ¿Qué hay detrás del término "actualización", que se ha utilizado hasta ahora? ¿No nos estaremos engañando con esta formulación? En la historia reciente, los avances profesionales han provocado revueltas, problemas concretos y presión social sobre las personas. ¿Por qué iba a ser diferente la llegada de la IA?

¿Necesitaremos tantos desarrolladores de IA como artistas y traductores? La transferencia no es tan fácil. El número de trabajadores necesarios en la sociedad puede no ser el mismo, dejando a algunas personas en el camino. Además, ¿cómo se pasa de traductor a estadístico? No todo el mundo puede cambiar. Se necesita formación y apoyo real. Corremos el riesgo de encontrarnos ante una desigualdad de oferta y demanda. Además, ¿podemos apostar realmente por empleos como los de lingüista o estadístico? La IA se desarrolla a una velocidad de vértigo. Estas profesiones son cada vez menos necesarias. Al fin y al cabo, siguen siendo minoritarias en el panorama actual. También hay dudas sobre su longevidad. ¿Seguiremos necesitando estas especialidades dentro de tres años, cuando hayamos consignado todos sus conocimientos a las bibliotecas informáticas? Nada es menos cierto.

Así pues, aunque a primera vista podamos tener una visión idílica de las llamadas profesiones actualizadas, las dificultades son grandes. Si no podemos soñar con una evolución totalmente beneficiosa de las profesiones actuales, ¿podemos esperar la creación de empleos y tareas que aún desconocemos?

D. Nuevas profesiones

¿La IA crea empleo por sí misma? En última instancia, es una cuestión de punto de vista. Se puede decir que el ingeniero de datos es un nuevo papel, o se puede ver como una extensión del desarrollador. Lo mismo ocurre con los diseñadores, los gestores de proyectos y los abogados.

¿Podemos imaginar entonces las profesiones que surgirán en un futuro más o menos próximo? A menudo, cuando nos fijamos en las estimaciones de los expertos, nos vienen a la mente varios tipos de trabajo. Entre ellos figuran los especialistas en ética de la IA, los formadores y los asesores. ¿No son estas propuestas una simple actualización de viejas competencias? La ética, por ejemplo, no es un fenómeno disruptivo. Se trata más bien de reinvertir viejas nociones. Lo mismo ocurre con la formación y el asesoramiento.

Sin embargo, hay algo interesante que observar en las predicciones de los expertos en el campo de la IA. Todos los empleos que estamos analizando implican ayudar a los sistemas inteligentes a tener éxito. Sin duda, queda mucho por hacer en este ámbito. Volveremos largo y tendido sobre las cuestiones éticas que plantea la IA.

Centrémonos más en las otras dos opciones, que están pensadas para ayudarnos a comprender los nuevos programas que tenemos a nuestra disposición. Si tomamos como ejemplo ChatGPT, no es raro ver a internautas entusiasmados con la respuesta de la herramienta. El simple hecho de que sea capaz de responder a nuestras preguntas genera a veces demasiado entusiasmo. La respuesta de ChatGPT suele ser errónea o incompleta. Para eso está programado. No tenemos nada que reprocharle. Es nuestra actitud hacia él lo que debe cambiar. Comprender sus limitaciones nos permitiría utilizarla sabiamente. Por eso, introducir a la gente en el conocimiento de la IA de un modo u otro es una cuestión crucial.

Una vez más, tomemos todas estas predicciones como lo que son: un futuro hipotético. Lo más probable es que la IA nos brinde oportunidades muy distintas de las que conocemos. Si ese fuera el caso, tendríamos que adquirir nuevas habilidades, y en ese caso esperemos que sigan amplios planes de formación y apoyo.

E. En pocas palabras

- Más que empleos que se pierden, las tareas desaparecen con la IA. Sin embargo, esto es suficiente para que algunas personas pasen de un trabajo a otro. Así pues, se han sustituido trabajadores. Cabe señalar que a veces es más la informática en general la que ha provocado la volatilización de determinados ámbitos.
- Al cambiar una serie de tareas, la IA está transformando multitud de profesiones, y muchos expertos creen que esto es lo que ocurrirá en el futuro.
- Es difícil encontrar una profesión oficial que haya florecido realmente con la IA, salvo quizá la de etiquetador, de la que hablaremos en el próximo capítulo.

En definitiva, por el momento, la IA está teniendo un efecto bastante tímido en el empleo remunerado en su conjunto. Sin embargo, está teniendo un efecto devastador para traductores y diseñadores gráficos.

Además del paisaje que se abre ante nuestros ojos, la inteligencia artificial es una apisonadora para nuestra relación con el trabajo en un mundo menos conocido: la creación de datos. Volvamos a encontrarnos con Soraya y Julie. Julie tiene una revelación que hacer.

Capítulo 3-3
La aparición de los anotadores: un nuevo rol esencial para la IA

A. La historia de Soraya y la IA

Julie cogió una silla vacía de la mesa de al lado y se sentó junto a Eran.

— Me gustaría pedirte disculpas, Soraya. Hablé con Christophe yquizá no expresamosbien nuestras intenciones.

Soraya, malhumorada, dejó vagar su mirada entre el cuerpo de Eran y el de Julie, la jefa de proyecto queen realidad no lo era. ¿En qué más se habría equivocado Soraya?

La voz grave de Julie se hizo un hueco entre las conversaciones dispersas del restaurante.

— Mi actitud de esta mañana no debió ayudar. Estaba enfadada.

Eso, Soraya lo había notado. Enfadada por una pobre chica que se negaba a que una IA le robara su trabajo.

— ¿Sabes cómo se construyen las inteligencias artificiales?", preguntó Julie.

Soraya habría querido asentir. La verdad era que incluso allí, frente a Eran y Julie, seguía sin saber gran cosa.

— La verdad es que no.

— A costa de millones de personas mal pagadas y peor valoradas.

Eran se echó hacia atrás como si quisiera retirarse de la conversación. Julie, por su parte, se inclinó hacia Soraya.

— Conocí a una chica en un bar—dijo Julie—.Una traductora que dejó su trabajo por culpa de la IA. Excepto que yo...

Julie se detuvo un momento y se señaló a sí misma.

— Solo que yo —continuó— conozco bien las aplicacionesde traducción. Las conozco porque las alimenté durante meses cuando estaba en paro.Y por cuatro duros.

Con voz más suave, Julie admitió:

— Seguro que todo esto te suena a chino. La IA no es lo que parece. No está reemplazando a nadie y no está a punto de hacerlo. Esa traductora, no fue reemplazada, fue reubicada. Y fueron personas como yo, antes de conseguir este trabajo deproduct owner, quienes hicieron su trabajo. Para desarrollar herramientas inteligentes, se necesitan datos, muchísimos datos. Estos sistemas son insaciables.

Julie se pasó una mano por la cara y continuó:

— Los anotadores son el único trabajo real que está creando la IA. Son los humanos quienes producen los datos. Los desarrollan, los enriquecen, los modelan... y todo por casi nada. Nunca hablamos de ellos, pero son millones.

Soraya escuchaba asombrada.Nunca, ni en ChatGPT ni en ningún otro sitio,había leído nada parecido. Y entonces, de repente, tuvouna especie de revelación. ¡Claro que sí! Ya había visto cosas como«validado por la comunidad»,«mejorado por humanos»,«revisado por nuestros expertos»... ¿A quiénes se referían esas plataformas? Soraya se esforzaba por comprender los entresijos de lo que se revelaba ante ella, pero lo costaba asimilarlo.

Julie se encogió de hombros y añadió:

— Sólo quería que supieras que estamos aquí para colaborar con la biblioteca, no para inventar otra aplicación inútil ycarísima para todo el mundo.

Era demasiada información paraSoraya. No sabía cómo salir a flote, así que se limitó a mostrar los dientes en un gesto que esperaba que parecierauna sonrisa.

B. Los anotadores: ¿quiénes son? ¿Qué hacen?

1. ¿Qué hacen los anotadores ?

¿Recuerdas la edición de fotos? Dijimos que el software aprende de imágenes como ésta:

Aquí tenemos un callejón con formas humanas grises. Analizándolas, el programa podrá reconocer a desconocidos en el futuro. Pero en algún momento tuvimos que trazar un límite y averiguar dónde estaban los primeros cadáveres. La gente hizo este trabajo. Con una herramienta digital, recortaron las líneas rectas y las cabezas redondas. De este modo, le decían al ordenador qué era un ser humano.

Encontramos este proceso en otras situaciones. Son personas reales las que leen los textos y señalan su estado de ánimo. Los marcadores de los vídeos también los colocan personas. Los humanos están en todas partes en el desarrollo de la IA. Intervienen para crear los datos. También intervienen a posteriori para comprobar que el sistema funciona correctamente y ajustarlo. Es el caso, por ejemplo, del reconocimiento facial. Este sistema se está extendiendo a los aeropuertos. Sin embargo, a menudo hay alguien que realiza un control o actúa en caso de dificultades. Estas personas se conocen comúnmente como anotadores.

Julie menciona el trabajo de anotador y afirma que es el único trabajo que realmente creará la IA. Está enfadada y sus comentarios son bastante nebulosos. Arrojemos algo de luz sobre ello.

Sí, hay muchas personas que alimentan a las IA. Sin su trabajo, una ínfima parte de los sistemas inteligentes seguiría existiendo. Son las personas que, como su nombre indica, anotan los datos. En otras palabras, los producen y orientan de forma que puedan ser utilizados por las IA. Y ahora sabemos que este es el combustible de los motores de IA. Así que parece difícil prescindir de los anotadores.

2. Los anotadores de ChatGPT

Utilicemos ChatGPT como ejemplo. Cuando se lanzó la herramienta, fue objeto de numerosos artículos elogiosos. Todo el mundo alababa su inteligencia artificial. Algunos se asustaron, pero pocos cuestionaron el carácter artificial de la aplicación.

Sabemos que se basa en el código y los sistemas estadísticos que hemos podido estudiar en capítulos anteriores. Las personas, los desarrolladores, los jefes de proyecto y los diseñadores han desempeñado un papel importante. Por lo general, aunque no se comprendan todas las sutilezas, estas personas pasan a un primer plano. Las habilidades de unos y otros son a veces alabadas como las de un genio. También sabemos que ChatGPT aprende y, en su caso, genera enunciados a partir de información pregrabada.

Pocas semanas después de la aparición de ChatGPT, varios periódicos descubrieron que se habían enviado miles de textos a una empresa keniana para entrenar al famoso software. Después, los medios revelaron la presencia de malgaches en el proceso de entrenamiento de la IA. El diario Le Monde calcula que el número total de anotadores implicados en ChatGPT ascienden a varios miles. Esta práctica puede parecer anecdótica o anodina. Pero no es eso lo que muestran los medios y la realidad sobre el terreno. Las IA se alimentan de datos. Estos datos son producidos por una multitud de trabajadores entre bastidores.

3. Diferentes tipos de anotadores

Este fenómeno sigue siendo complicado de abarcar. Sin embargo, vamos a intentar una clasificación. A poco que uno se concentre, se dará cuenta de quiénes son los anotadores que hay detrás de casi todas las aplicaciones inteligentes. No siempre reciben ese nombre: a veces se les llama "trabajadores del clic", "trabajadores digitales", "formadores" o incluso "microtareas".

Su estatus no se reconoce sistemáticamente. Son becarios o empleados cuyo título suele ser muy diferente. Son muchos. Los más fáciles de detectar son, sin duda, los que cobran oficialmente por lo que hacen: alimentar a las IAs. Esta es la situación de los empleados de la empresa keniana que hemos mencionado o, más en general, de los que ayudaron a ChatGPT a ver la luz del día. No hay confusión en el caso de estas personas: son trabajadores al servicio de las IA.

También está el caso de los trabajadores de plataforma. Estas personas acuden a espacios web como Amazon Mechanical Turk, probablemente el más conocido, y realizan microtareas: producir, enriquecer, comprobar o moderar datos. Se les paga por tarea, principalmente en forma de vales. En algunos casos, el dinero ganado puede ingresarse en una cuenta bancaria. Son fáciles de detectar, aunque no estén reconocidos como trabajadores. No tienen un contrato claro y carecen de los derechos asociados a la condición de empleado.

Los usuarios de plataformas y los anotadores oficiales son las dos categorías más fáciles de identificar. Pero no son las únicas. Hay infinidad de casos más complicados de percibir a primera vista. Supongamos que, para los activos del motor de recomendación de la biblioteca, el equipo de Julie necesita más datos. Por ejemplo, le gustaría saber qué libro está clasificado como ciencia ficción o romance. Esta información no está disponible. Soraya podría pasar horas y horas anotando las novelas. Como, en este caso concreto, lo haría para mejorar la IA, se convertiría en una anotadora no reconocida.

En la práctica, las categorías literarias ya van unidas a las obras. Existen varias fuentes: la información proporcionada por editores, autores y libreros, así como la que se encuentra en sitios como Babelio y Goodreads. Estos últimos tienen varios objetivos. En primer lugar, están ahí como redes sociales o lugares de descubrimiento. En segundo lugar, agregan datos generados por los usuarios y los utilizan para alimentar las IA.

Así pues, sin la Web en general y la demencial producción de datos que vertemos en ella, casi ninguna IA podría ver la luz del día. Muchas personas contribuyen a estas inteligencias, que no son tan artificiales como afirman sus dirigentes. Además de los usuarios que alimentan gratuitamente a las IA produciendo información, existen servicios como Crowdsource y Quickdraw que piden ayuda a los usuarios para mejorar los sistemas de Google. Con el primero, puedes traducir un enunciado o descifrar un texto. En el segundo, la aplicación te invita a dibujar. Estos espacios permiten realizar el mismo tipo de tareas que en plataformas como Amazon Mechanical Turk, sólo que esta vez no hay remuneración de por medio. Ten en cuenta que así se consigue el famoso estatus de "validado por la comunidad" de Google Translate.

Todas las personas que hemos mencionado han suscrito el uso de los datos que han producido. Esta afirmación es un poco complicada en el caso de los usuarios de Internet, pero podemos suponer que tienen la opción de no utilizar el servicio que se les ofrece. Esto es menos cierto en el caso de los sistemas captcha. Cuando te piden que reconozcas semáforos en fotos, entrenas a las IA y si no lo haces, no accedes a la plataforma. Así que tú también te ves obligado a convertirte en anotador.

Hay otros tipos de personas que se encuentran como anotadores sin tener culpa de ello. Sabemos, por ejemplo, que los conductores de Uber envían automáticamente sus trayectorias e información a Uber para la creación de coches autónomos, mientras recorren la ciudad haciendo sus recados. También podemos citar el caso de autores que cruzan fragmentos de sus textos ensamblados o su estilo imitado en un generador. No habían previsto utilizar sus fragmentos de esta manera. Se encuentran productores de datos y, en cierto modo, anotadores sin haber expresado explícitamente su acuerdo.

4. Los anotadores, una parte importante de la población

¿Cuántos anotadores hay? Si nos centramos únicamente en los de las plataformas, su número se estima entre cuarenta y cien millones. Hay que medirlo dándose cuenta de lo difícil que es calcular todos los trabajadores que utilizan estos espacios. Hay anotaciones ocultas. Algunas personas se conectan a uno de los sitios dedicados, asumen tareas, pero en realidad las subcontratan a un grupo de individuos desconocidos para la plataforma.

Además, todos producimos datos al publicar en la Red. Por ejemplo, Reddit, una simple red social, monetiza las conversaciones de los usuarios. Incluso los pequeños fragmentos de información que compartes tienen valor para el desarrollo de la IA.

En cuanto a las empresas de anotación o los empleados que se encuentran ayudando a las IA, lo que podemos decir es que, en contra de las apariencias, no son raros.

5. Anotadores, un reparto desigual

Si estas prácticas son habituales (al menos afectan a millones de personas), ¿por qué encontramos tan pocas? Esencialmente por dos razones. La primera es que hay que trabajar en el mundo de la IA para habérselas encontrado. La segunda es que la mayoría de estos trabajadores operan en las sombras de las regiones llamadas "en desarrollo". Se encuentran sobre todo en zonas como Kenia y Madagascar. Pero detengámonos aquí por el momento. Tendremos tiempo de sobra para hablar de la naturaleza secreta de este ingrediente esencial de la receta de la IA.

En términos de población, los anotadores se encuentran principalmente fuera de nuestros países. Pero no nos engañemos: hay anotadores por todas partes. La proporción de hombres y mujeres varía de un lugar a otro. En el caso de las plataformas, muy a menudo se trata de completar ingresos o de ayudar como pasajero, como ocurre en Francia. En este último caso, la mayoría son mujeres.

Así que no es difícil imaginar que Julie pueda haber encontrado una forma de llegar a fin de mes en un sitio como Amazon Mechanical Turk. En otras partes del mundo, como la India, los trabajadores del clic obtienen todos sus ingresos de esta actividad. En esta situación, suelen ser hombres. Por definición, los anotadores contratados oficialmente como tales por las empresas trabajan a tiempo completo. Los empleados que formaron a ChatGPT en Kenia trabajaban en horario normal de oficina. Los empleados o aprendices que se encuentran ayudando a las IA aunque esto no forme parte de la descripción de su trabajo le dedican todo o parte de su tiempo. En algunos casos, le dedican todo el día. En cuanto a los internautas, depende. Cada vez nos dedicamos más a lo que llamamos "trabajo por placer".

El número de anotadores es grande y sus perfiles variados. Como dice Julie, la IA es un ogro. Los datos son su materia prima. Como se basa esencialmente en el aprendizaje automático, no puede seguir viviendo sin ellos. Por eso las misiones que emprende son tan diversas. Julie era traductora. Este trabajo no ha desaparecido. Sólo se ha desplazado. Es el caso de muchas tareas: transcribir una secuencia de audio, descifrar un texto, detectar los distintos elementos de una imagen, distinguir a una persona de un árbol, definir el tono de una persona en tres líneas, describir un vídeo en tres palabras, etcétera. Algunas son más especializadas que otras.

6. ¿Por qué son tan necesarios los anotadores?

A menudo se malinterpreta el papel de los anotadores en la ecuación. Para muchos, lo único que tienen que hacer es agacharse y recoger los datos de la Web. Ojalá. ¿Recuerdan a Tay, la IA de Microsoft que se volvió sexista y racista en menos de veinticuatro horas? Había aprendido su comportamiento en parte de las interacciones con los usuarios y en parte de datos pregrabados. En ambos casos, se había tenido poco cuidado a la hora de recopilar la información de entrenamiento. Si manipulas una aplicación inteligente y no te responde como un nazi, es muy probable que los anotadores hayan pasado de ella.

Ya hemos explicado largo y tendido la necesidad de la calidad de los datos. Es mucho más importante que cualquier modelo o código que pueda producir un ingeniero o un científico de datos. Es el alma de la empresa. Debe ser coherente, completa y en cantidad suficiente. Si se puede utilizar la Web como base, hay que filtrarla. La Web es una materia prima prácticamente imposible de utilizar tal cual.

En muchos casos, también hay que enriquecerlo. Distinguir entre un gato y un perro utilizando medios automatizados es bastante fácil hoy en día. Pero las empresas necesitan mucho más que este tipo de artilugios. Quieren saber dónde instalar paneles solares, cuánto tiempo lleva una determinada tarea de mantenimiento industrial, cuánta gasolina gasta ese coche grúa del puerto, etcétera. Está muy lejos de lo que la gente está acostumbrada. Y para responder a estas preguntas, los responsables de estas iniciativas no pueden contentarse con la Web.

Los anotadores están por todas partes y hacen mucho por nuestras aplicaciones inteligentes. Son cruciales para el desarrollo de la IA.

7. El caso especial de los moderadores, anotadores especializados

Con la llegada de los generadores, los anotadores se han implicado mucho más en la moderación. Producen los datos en sentido ascendente, los clasifican, comprueban su calidad y, por último, se aseguran de que la IA creada responda adecuadamente.

Sin embargo, la moderación es cada vez más importante. Como decíamos, hay que ordenar la Web. Para ello, muchas manitas se ocuparán de eliminar contenidos controvertidos. De este modo, evitarán que a las IAs se les ocurran horrores. También se asegurarán de que, una vez creadas las IA, no filtren contenidos no deseados. Es un trabajo minucioso y que lleva mucho tiempo. También es una tarea difícil. Los relatos que hemos oído de la empresa keniana que trabajó con OpenAI son escalofriantes. Tienes que sentarte en tu silla todo el día y filtrar datos racistas, sexistas, pedófilos, necrófilos, asesinos, incestuosos y violentos, etc.

Sam Altam, de OpenAI, se defiende explicando que estos trabajadores han tenido que acudir al psiquiatra. No estamos aquí para juzgar, sólo para señalar la realidad de estos trabajos. ChatGPT es sólo un ejemplo. Lo que sí podemos decir es que las IAs necesitan moderar sus fuentes y que esto a menudo implica una visión o lectura difíciles, que no están exentas de consecuencias para la salud mental.

Esta moderación es crucial para aplicaciones cada vez más inteligentes. Tanto por razones legales como éticas, los equipos directivos no pueden prescindir de ella.

8. Anotadores, un estatus a menudo no oficial

A menudo, los que denominamos "anotadores" no tienen en realidad un estatus claro. En las empresas, los empleados que dedican todo o parte de su tiempo a alimentar la IA no siempre son reconocidos como tales. A veces conservan su antiguo puesto de trabajo.

Los trabajadores de plataformas remuneradas y no remuneradas también cambian de nombre según el sitio. Los propios investigadores en la materia dan varios nombres. Al no unificar el concepto bajo un mismo epígrafe, al público le resulta difícil percibir la multitud que se esconde detrás de la IA.

Entre los títulos que dan los científicos, uno de ellos lleva implícito el deseo de poner en primer plano lo que realmente ocurre entre bastidores: el trabajador digital. El término "digital" tiene un doble significado. En primer lugar, significa "digital", pero también "con el dedo". Los informáticos aborrecen su uso, que consideran inapropiado. Cito textualmente: "No se pueden hacer aplicaciones con los dedos". En cambio, investigadores como Dominique Cardon y Antonio Casilli dicen lo mismo. Sin las manitas de mucha gente, no habría IA. Así que sí, construir inteligencia artificial es una actividad que se lleva a cabo en gran medida con los dedos.

Los anotadores no están reconocidos automáticamente como trabajadores. Su remuneración, cuando existe, puede no ser en metálico y no respetar el salario mínimo establecido en los países de origen de las solicitudes. Llamamos a estas personas "trabajadores", pero oficialmente no siempre lo son. A veces son empleados, pero muy a menudo son autónomos que se supone que son su propio jefe, o jugadores a los que se puede ofrecer o no una recompensa. Esto significa que no pueden cotizar para la pensión o el desempleo de la misma manera que un empleado normal.

9. El carácter lúdico de las plataformas digitales de trabajo

A esto se añade el carácter lúdico de las plataformas. Si vas a QuickDraw o Crowdsource, es divertido. Puedes pasar niveles. Te hablan con una voz falsamente robótica. El carácter lúdico del juego tiende a disfrazar, no necesariamente de forma consciente, la dimensión importante de tus acciones. En términos prácticos, estás mejorando los servicios de Google. Sin ti, no serían lo que son, pero todo se te presenta en forma de juego.

10. El desconocimiento de la IA contribuye a la invisibilidad de los anotadores

La ignorancia del sistema técnico de la IA tampoco nos ayuda a comprender toda esta complejidad. Tenemos que ser capaces de descender capa por capa en los meandros de una tecnología sumida en la fantasía y rayana en la ficción.

Incluso los desarrolladores especializados en inteligencia artificial no siempre son plenamente conscientes de la procedencia de los datos que manipulan. Y con razón: la formación es cada vez más remota, gracias al aprendizaje por transferencia o a la reutilización de modelos ya hechos. En ambos casos, vemos poco o nada de la información que ha contribuido al rendimiento de la IA. En cuanto a las personas ajenas al sistema, es aún más complicado ir más allá de lo que se suele presentar. Hay que entender cómo funciona la IA, lo ávida que es de datos y lo difícil que es obtener datos cualitativos antes de poder empezar a percibir la realidad.

11. IA sin IA

Para ir más lejos, incluso hay casos en los que no hay IA y la gente pretende que sí la hay. Por supuesto, no estamos hablando de grandes aplicaciones como MidJourney o los algoritmos de recomendación de Netflix.

Pero en determinadas situaciones, ninguna IA puede descifrar el texto que acabas de introducir. Lo hará una persona. En esta situación, la empresa puede decir que lo hace para esperar mientras se desarrolla la IA, y que los datos se utilizarán para entrenarla. Esto no siempre es cierto, pero mientras esperamos la llegada de estas grandes máquinas, los trabajadores digitales siguen imitándolas. A diferencia de la prueba imaginada por Turing, no es la IA la que imita al humano, sino el humano el que imita a la IA.

12. Un juego de apariencias jugado por varios jugadores

Mientras a muchos les cuesta ver los trucos de la IA, que es mucho menos brillante de lo que nos prometieron, los servicios que ponen en contacto a anotadores y solicitantes no se engañan. No en vano Amazon llama a su producto "Amazon Mechanical Turk". Este nombre hace referencia a un famoso engaño. En el siglo XVIII, Johann Wolfgang von Kempelen construyó un jugador de ajedrez artificial. Con turbante y el traje tradicional de un mago oriental, se suponía que representaba a un turco. Su mecanismo estaba diseñado para permitirle enfrentarse a un ser humano. Su creador lo había modelado frente a un gran tablero que contenía el famoso juego de ajedrez. Unos cuantos engranajes y ruedas dentadas daban la ilusión de que en realidad se enfrentaba a una máquina. De hecho, si se levantaba la tapa del tablero, se descubría a un individuo acurrucado moviendo las piezas hacia delante. No había magia ni proeza tecnológica en este autómata. El truco residía en el trabajo de un ser humano y en el secreto. Se tardó un siglo en descubrir el secreto. Se nota la destreza de la máquina para hacernos soñar y engañarnos, pero no había nada muy artificial en ello. La plataforma Amazon Mechanical Turk se creó en referencia a esta historia. Esto nos invita a mirar la IA de otra manera y a darnos cuenta de su naturaleza altamente humana.

Después de todas estas explicaciones, ¿qué se nos ha escapado en el caso de la recomendación desarrollada por el equipo de Julie? Si se trata de un aprendizaje colaborativo que correlaciona los gustos de distintas personas, estamos reutilizando datos que ya estaban ahí. No hace falta recurrir a anotadores. Lo que pone todo lo que hemos dicho en perspectiva. La mayoría de las IA se basan en trabajadores digitales, porque la mayoría de ellas se basan en el aprendizaje supervisado. Sin embargo, algunas escapan a este ámbito y lo utilizan menos.

Pero las recomendaciones requerirán sin duda más información: géneros de libros, autores, descripciones. Así que habrá que recopilar más datos de anotadores en la Red, plataformas o sitios especializados como Babelio.

C. El trabajo en todas sus formas

1. Trabajar fuera del trabajo

Para comprender mejor lo que está en juego con la aparición de los anotadores, debemos entender su relación con el mundo laboral. En efecto, los "click workers" se encuentran en la encrucijada de varias nociones. Veámoslas e integrémoslas en el tema de este libro.

En primer lugar, estos anotadores, a veces considerados como trabajadores, a veces como no trabajadores, pertenecen al ámbito de lo que podría llamarse, utilizando la expresión de Antonio Casilli, el trabajo fuera del trabajo. No es un hecho infrecuente en la historia de la humanidad. Tendemos a pensar que sólo es trabajo el que está regulado por la ley. Sin embargo, los casos Uber y Deliveroo nos han demostrado que podemos equivocarnos en nuestras categorizaciones. Que no exista un contrato salarial no quiere decir que no exista una actividad profesional que beneficie al conjunto de la sociedad.

2. Trabajo gratuito

Los anotadores son a veces más que una forma de trabajo gratuito. De nuevo, esto no es nada nuevo. Es, por ejemplo, una de las principales reivindicaciones del movimiento feminista: reconocer el trabajo doméstico, que ahora es gratuito, como un trabajo por derecho propio en el que se basan y progresan nuestras sociedades. La investigadora Maud Simonet considera a los formadores de AI como una forma de trabajo gratuito. Las personas prestan un servicio que tiene importantes consecuencias económicas, pero reciben poca o ninguna remuneración porque están fuera del marco tradicional del mundo laboral.

3. El trabajo de las plataformas

En las plataformas se encuentran entre cuarenta y cien millones de anotadores, que realizan lo que se conoce como trabajo de plataforma y participan en la amateurización de las relaciones económicas. Se suele decir que la mayor empresa de taxis no posee ni un solo taxi y que la mayor empresa hotelera no posee ni un solo inmueble. Sin embargo, todos esos vehículos, pisos y casas pertenecen a alguien. Y ese alguien presta un servicio. Lo mismo ocurre con el acto de alimentar a las IA en las plataformas. Las personas que se "contratan" son sólo lambdas, no profesionales reconocidos por su pericia, aunque de hecho sus competencias se evalúen y cuantas más competencias se tengan, más dinero se gane.

4. El trabajo del consumidor

En cuanto a los usuarios de Internet, por definición realizan lo que se conoce como trabajo de consumo. Tomar su propio pedido en el bar, introducir sus compras en un programa informático, echar gasolina en su depósito... son actividades que entran dentro de esta categoría. Cuando se introduzcan las cajas automáticas, puede que desaparezca la cajera, pero no la tarea que realizaba. Seguirá teniendo que escanear el contenido de su cesta para saber cuánto cuesta y pagarlo. Ahora es el consumidor quien realiza esta acción. Y, por lo general, un supervisor vela por que nadie haga trampas y ayuda a los usuarios a utilizar las máquinas si se encuentran con fallos o imprevistos.

Eso es exactamente lo que estamos haciendo con la IA. Miles de millones de personas producen datos en la web, y anotadores de plataformas u otras empresas comprueban que ningún comportamiento sea incoherente con el entrenamiento de los sistemas inteligentes.

No se trata aquí de decir si todas estas nociones por las que hemos pasado son buenas o malas. De hecho, ningún investigador hace esta observación pura y simplemente. Recordemos, por ejemplo, que el trabajo voluntario es una forma de trabajo gratuito. Tendremos tiempo de hablar de la naturaleza ética de la IA en la cuarta parte del libro. Se trata más bien de tomar conciencia de los vínculos que se establecen entre las misiones de los anotadores y el mundo del trabajo en general. Sin ello, el fenómeno de los anotadores podría parecer artificioso o extraordinario. De hecho, forma parte de un continuo, con la particularidad de que el discurso de alabanza de la inteligencia artificial oculta, no siempre conscientemente, la dimensión más que humana de esta tecnología.

D. Anotadores: ¿una profesión sostenible ?

1. La anotación, una profesión precaria

Los trabajadores del clic están experimentando con distintas formas de contratación. Algunas plataformas o estructuras son exigentes con las aptitudes de sus trabajadores. Otras dejan pasar a cualquiera. A menudo se utiliza un sistema de calificación para evaluar la calidad de tu trabajo sobre la marcha.

Que te hayas inscrito no significa que te vayas a quedar. Puede que te desactiven o que sólo te asignen las tareas menos gratificantes. En cuanto a la remuneración, cuando es monetaria, en las plataformas se estima en una media de dos dólares por hora. Los moderadores kenianos de ChatGPT cobraban algo menos. Dependiendo del país en el que te encuentres, esta cantidad tiene más o menos valor. En Kenia, es una buena suma. Pero en regiones donde el nivel de vida es alto, no puede ser un trabajo a tiempo completo. Así que, más que una nueva oportunidad de negocio, quizá se trate más bien de la aparición de nuevas tareas. De momento, les cuesta estructurarse en un verdadero cuerpo profesional, pero quizá eso llegue.

La baja remuneración y la dificultad de las tareas, a pesar de que se hacen de forma divertida, no siempre animan a realizarlas con entusiasmo y seriedad. Esto a veces lleva a la construcción de datos de tan mala calidad que no se pueden utilizar. No hace mucho, vimos incluso casos en los que anotadores bajo presión anotaban gracias a otras IA, como ChatGPT. Si la IA se utiliza para entrenar a la IA, corre el riesgo de dar vueltas en círculo y no producir nada de interés. Una IA necesita alimentarse del mundo que la rodea, que es cambiante. No puede permanecer fija en un momento dado y perderse en una espiral.

2. El futuro de los anotadores

¿Van a desaparecer los anotadores? Son necesarios en el actual mundo de los datos. ¿Pero lo serán siempre? Una vez más, seamos prudentes sobre el futuro y preguntémonos por qué esta "profesión" no está aquí para quedarse. Si los anotadores son útiles, es porque la inteligencia artificial actual se basa en el aprendizaje automático y, en particular, en el aprendizaje supervisado, es decir, en la detección de patrones en los datos. Esta programación probabilística requiere una cantidad obscena de información para funcionar.

Por tanto, si nos apoyáramos en un sistema distinto a éste, quizá podríamos prescindir de los trabajadores clicks. Dados los recientes auges en este campo, no es ésta la dirección que están tomando los expertos y los gobiernos.

Durante mucho tiempo tuvimos la esperanza de sacar algo interesante del aprendizaje no supervisado. Hay que decir que este tipo de IA no ha hecho su magia. La IA generativa es una forma especializada de aprendizaje supervisado. El aprendizaje supervisado aún tiene mucho camino por recorrer. Aun así, podríamos argumentar que, en algún momento, todo será resuelto por la IA. Al fin y al cabo, hace ya muchos años que son capaces de distinguir un gato de un perro. Una vez resueltos todos los problemas, no necesitaremos más trabajo de anotación.

Tal proposición es cuestionable. Para empezar, el mundo está en constante cambio. Los problemas de ayer no son los de mañana. Nadie esperaba la aparición de una pandemia. Ha traído consigo nuevos conceptos. Es seguro que la ecología y otros fenómenos aún desconocidos nos sorprenderán. Luego, si seguimos confiando tanto en la Red, siempre tendremos que limpiarla de antemano. Sin un esfuerzo humano por comprender las sutilezas del discurso del odio, corremos el riesgo de pasar por alto muchas declaraciones inaceptables.

¿No podría automatizarse esta misma moderación? En realidad, podemos y lo hacemos. Pero para lograrlo, entrenamos a las IA y los anotadores participan en esta acción. Luego habrá que renovar el sistema. Lo que hoy consideramos molesto probablemente no lo será mañana. Esto no se debe necesariamente solo a los cambios en las costumbres, sino también a los cambios normativos y a la evolución de los conflictos mundiales. Por último, las empresas necesitan a menudo la IA para resolver situaciones muy concretas. Ya casi nadie intenta reconocer a dos animales. La diversidad es tal que aún queda mucho margen para crear numerosas IA.

Así pues, los anotadores no son probablemente un grupo salarial homogéneo. Quizá sea este elemento el que no sea sostenible. Pero sus trabajos parecen tener un largo camino por recorrer antes de quedarse obsoletos. Aunque así fuera, habrían hecho una importante contribución a lo que es hoy la IA: una tecnología prometedora en la que mucha gente quiere creer.

E. En pocas palabras

- Los anotadores recogen, preparan, clasifican y moderan los datos en nombre de los RN. También velan por la calidad del sistema. Son muchos, al menos varios millones y quizá varios miles de millones si incluimos a los internautas, y trabajan en estructuras más o menos reconocidas como profesionales.
- La moderación ha cobrado importancia para los anotadores. Consiste en clasificar la Web para conservar sólo los contenidos aceptables.
- Hoy en día, la inteligencia artificial basada en datos se sirve de un sinfín de trabajadores de los que se habla poco . Esta inteligencia artificial casi huele a engaño una vez que se entra en materia. Por varias razones, la presencia de anotadores no es inmediatamente obvia.
- Esta invisibilidad también se debe al hecho de que esta actividad se encuentra en la encrucijada de varias formas de trabajo que tienden a recibir poco o ningún reconocimiento.
- Aunque pueda parecer que el trabajo no tiene mucho aguante, es probable que las tareas que conlleva tengan tiempo de evaporarse.

Al final, esta inteligencia artificial resulta ser mucho más humana de lo que parece a primera vista, con su grupo de informáticos, diseñadores y anotadores.

Podría automatizar nuestras profesiones en general, aunque hay que matizar esta predicción. Sin embargo, no lo sería sin la multitud de personas que trabajan a su alrededor. Así que quizá la cuestión no sea si la IA nos despedirá. Porque aunque lo hiciera, el trabajo humano, aunque de otra calidad, seguiría existiendo.

Y sin embargo, la IA, que pretende automatizar nuestras vidas y de hecho podría facilitarlas o mejorarlas, ¿no viene acompañada de sus propios problemas? ¿No ocupa demasiado espacio la cuestión de la IA y el trabajo, impidiéndonos reflexionar sobre los peligros reales de esta nueva tecnología? En lugar de temer un futuro hipotético, echemos un vistazo a los problemas actuales. Esto nos permitirá estar mejor preparados para abordar la cuestión de la IA y su impacto económico.

Parte 4 - Los desafíos de la IA

Capítulo 4.1
La IA, una herramienta peligrosa que no debe dejarse en manos de cualquiera

A. La historia de Soraya y la IA

Esa tarde, en su piso, Soraya se sentó en su escritorio con una sonrisa en la cara. Había pasado el resto del día con Julie, laproduct owner(sea lo que sea lo que eso signifique), y con Eran. Le había gustado el trabajo. Por fin se había sentido útil. Y, sobre todo, tras horas de conversación, empezaba a entender cómo se construye una IA.

Con las manos relajadas sobre el teclado, estaba a punto de probar de nuevoel softwarede Nico cuando el móvil que tenía al lado vibró. Cogió el teléfono y al mismo tiempo se fijó en la notificación de su reloj inteligente. Julie Garcia,la product owner, le estaba enviando una solicitud de contacto en LinkedIn. Soraya aceptó sin pensárselo, y entonces sintió que un temblor la invadía. ¿Qué diría Julie dela trayectoria profesional irregularde la pobre bibliotecaria? Se encogió de hombros. Al fin y al cabo, Julie habíaconfesado que en un momento difícil de su vida se había dedicado a anotar datos para entrenar IA.

Soraya volvióa centrarse en el generador de historias.

— ¿Quieres continuar el relato? —preguntó la aplicación.

Soraya chasqueó la lengua con picardía. ¿Quélínea de código habría generado esa frase? Observó la interfaz minimalista. Para cualquiera con un mínimo de experiencia en herramientas digitales, era fácil de usar. La respuesta era rápida. Estaba bien hecho.

Pulsó el botón OK *y la IA generó historias ficticias:*

Soraya decidiódejar su trabajo. Una vez que contrataron a la IA,negoció una salida remunerada. Ya que las IA se preparaban para tomar el relevo, era mejor que se lo dejara lo antes posible y aprovechara al máximo sunuevo tiempo libre.

Soraya detuvo la generación.Ya tenía material suficiente para hacerle un comentario útil a su amigo. Escribió: "Tu aplicación no está mal.Impresionante lo de las historias personalizadas. No sé cómo habéis conseguido datos de mi cuenta, pero espero que lo vuestro sea legal ;). Eso sí, los relatos son un poco cliché. Supongo que es difícil conseguir algo diferente, ¿no?".

*Al pulsar "***Enviar***", su teléfono vibró entre sus dedos. Soraya abrió la boca, sorprendida. En LinkedIn, un mensaje de Julie decía:*

Ha sido un placer trabajar contigo hoy. Si te interesa este tipo de trabajo y no tienes miedo de vender tu alma al diablo, mi empresa está contratando. Podría contarte más sobre el papel de product owner.

El orgullo se colaba por todos los poros de Soraya. Nunca lo había visto así. En lugar de robarle el trabajo, la IA podía darle uno nuevo. Arqueó una ceja. ¿Vender su alma al diablo?¿Se escondía algo turbio en todo esto que Soraya no podía percibir?Decidió investigar y se pasó la tarde leyendoartículos demoledores sobre los peligros de la inteligencia artificial.

B. La IA, ¿un instrumento de control?

1. La vigilancia del Estado

Soraya finalmente se enamora del nuevo mundo que está descubriendo, hasta el punto de plantearse un cambio de carrera. Sin embargo, Julie le advierte. Ella ya había planteado la cuestión del carácter "artificial" de la IA, burlándose de ella. Aunque no esté exenta de repercusiones económicas, la IA no va a erradicar el trabajo. ¿Significa esto que esta tecnología no presenta ningún otro peligro? El objetivo de este capítulo no es acusar a la herramienta en sí, sino mostrar lo que puede conseguir, y en muchos casos ya consigue. A menudo se dice que un cuchillo puede cortar lo mismo un tomate que una garganta, y es cierto. Lo mismo puede decirse de la IA. Sin embargo, hay que matizar este tipo de afirmaciones. No todos los dispositivos pueden utilizarse de la misma manera. Es más fácil matar con un cuchillo que con una bala de espuma.

La IA puede ser un instrumento de control. La combinación del reconocimiento facial y el despliegue masivo de cámaras podría sumirnos en un mundo distópico en el que se vigilaran los movimientos de todos los ciudadanos. Todo lo que tendría que hacer un Estado es definir el comportamiento esperado para fomentarlo. Este último sería recompensado y, por tanto, fomentado. Este es el caso del que hemos oído hablar mucho con el crédito social chino. En realidad, este invento debe tratarse con cautela, ya que parece haber sido malinterpretado. El temor a un mundo así se renueva con la multiplicación de los acontecimientos deportivos. ¿Estamos a punto de caer en la trampa de la videovigilancia algorítmica? ¿Qué considerarán los gobiernos como acción no regulada? ¿Reunirse o sentarse en el suelo? Si esta es la dirección elegida, la tecnología corre el riesgo de discriminar a los mendigos, a los jóvenes que se reúnen o a los manifestantes. Pero también podría salvar a la gente del acoso callejero y hacer de este espacio un lugar cómodo para todos.

En cualquier caso, la IA podría tener cierto poder de vigilancia. Pero no lo haría sola. Sin cámaras y sin el desarrollo de interfaces móviles y web, no podría conseguirlo. Es la tecnología digital en su conjunto la que puede limitar y racionalizar. La IA es una herramienta que amplifica y optimiza tecnologías ya existentes. La IA sólo amplificaría el deseo de control. No es la IA en sí misma, sino los Estados los que la utilizan con este fin.

Pero hay límites. Un sistema así es posible, pero caro. Requiere tiempo de desarrollo, anotación, una sólida infraestructura y energía. China aspira a liderar la IA y ha invertido en este campo: 10.000 millones de euros en 2021, 14.000 millones en 2023 y prevé 35.000 millones en 2027. Este Estado, con su potencial monetario, podría destinar parte de esta suma a este tipo de sistema. Podría, pero ¿le sobrará mucho dinero para explorar otras vías de la IA? Eso es menos seguro. Y, como recordatorio, las IA no son fiables al 100%. ¿Qué hacemos con los casos fallidos en un universo controlado por IA? Podríamos poner anotadores de guardia para llevar a cabo una comprobación final en caso de duda. Al fin y al cabo, ya lo hacemos en muchos sitios. Una vez más, esto tendría un impacto financiero significativo.

2. Vigilancia en el mundo profesional

Un ejemplo de mayor control con IA es la empresa Netdragon. Aunque la empresa está dirigida por un jefe de carne y hueso, los empleados tienen la impresión de que los dirige un avatar. Este avatar representa a una mujer que tiene acceso a sus horarios y su rendimiento. A partir de ahí, puede subirles el sueldo o, por el contrario, despedirles. Este sistema puede ser aterrador porque, si los criterios no están bien definidos, puede incitar a los trabajadores a matarse a trabajar o a llevar a cabo misiones absurdas. También podría argumentarse que es potencialmente una organización más justa. Hoy en día, es difícil que los introvertidos consigan que se preste atención a sus acciones, aunque ayuden al crecimiento de la empresa.

En una estructura en la que todo se mide, nadie podría aspirar a un puesto que no merece y viceversa. De nuevo, esto no es necesariamente nuevo. Muchas empresas ya controlan las horas de trabajo de sus empleados y les pagan en función del número de contratos que consiguen. La IA simplemente amplía esta coacción y garantiza que determinadas empresas estén dispuestas a hacer lo mismo.

3. La racionalización del comportamiento

Controlarlo todo con IA podría resultar contraproducente y, por tanto, imposible de facto. Volvamos a China y echemos un vistazo a Ernie Bot. Desarrollado por la empresa Baidu, imita las funcionalidades de ChatGPT con una notable diferencia: ha sido moldeado según criterios estatales. Así, si quieres saber más sobre los sucesos de la plaza de Tiananmen, la aplicación te invita a cambiar de tema.

Se puede decir que Ernie Bot no tuvo tanto éxito como su primo. Incluso fue juzgado mediocre. El control de la información utilizada para entrenar a la IA limita sus posibilidades. El propio ChatGPT no está exento de coacciones. Ha sido moderado según criterios legales y éticos. Estas decisiones están guiadas consciente o inconscientemente por lo que una sociedad considera aceptable. ChatGPT tiene mucho más acceso a la información que Ernie Bot. Sin embargo, sería erróneo afirmar que recoge todo lo que ocurre en la Red sin haberlo digerido y clasificado. OpenAI también expone su visión del mundo. Por ejemplo, si le pides a ChatGPT que te cuente una historia erótica, se negará. Sin embargo, esta petición no tiene nada de ilegal. Con esta elección y muchas otras, ChatGPT ayuda a configurar una forma de pensar.

No es la única forma de racionalización que se encuentra con la IA.

La tecnología digital en general, incluso en forma de programación determinista, lucha por no encorsetarnos. Es un infierno de formularios, con campos que no cubren todos los casos con los que se encuentran los usuarios. Hay que encajar en cajas, y eso no siempre es fácil.

C. ¿Es la IA una amenaza para el discurso democrático

1. Los peligros de los motores de recomendación

Si la IA racionaliza, ¿puede ser un peligro para las ideas democráticas? Tomemos de nuevo el caso de la recomendación para destacar su aspecto potencialmente perjudicial. La palabra "potencialmente" es importante. No todos los motores de recomendación se convierten en pesadillas. Depende del cuidado que ponga el equipo editorial en su existencia.

Así pues, se supone que lo que aparece en los contenidos ofrecidos a una persona corresponde a sus gustos. Sin embargo, los sistemas destacan contenidos que son divisivos o que tienen un efecto de catarsis en nosotros despertando nuestros impulsos sin enseñarnos gran cosa. Todos tenemos derecho a consumir vídeos o material de lectura simplemente para entretenernos. El problema es que ignoramos todas las afirmaciones matizadas o informativas. Pasamos más tiempo discutiendo sobre tal o cual tema que nos conmueve que sobre el cambio climático. El sensacionalismo se amplifica. Los motores de recomendación no han reinventado nuestra pasión por el drama. Pero lo amplifican diez veces. En más de un caso, cabe señalar que la razón por la que la recomendación es tan popular entre las empresas es que las incita a consumir más y, por tanto, a generar más beneficios. En una sociedad no capitalista, quizá estos sistemas no promoverían el mismo tipo de contenidos.

A esto se añade el hecho de que muchas de las cuentas que participan en las plataformas no son cuentas reales. Su objetivo es influir en la referenciación de determinados temas. Esto tampoco es nada nuevo. Este tipo de práctica siempre ha existido a través de la publicidad, por ejemplo. Incluso existe toda una disciplina para conseguir un buen lugar en la lista de resultados de Google. Pero el juego era diferente. En un caso era más oficial, en el otro era más difícil de engañar. En este caso, es como votar por los productos más recomendables, pero la votación resulta estar amañada. Unas papeletas tienen más peso que otras, bien porque engañan pagándoles por ello, bien porque comentan más. En definitiva, los votantes no representan a la mayoría de las personas que participan en una plataforma. Todo esto está cambiando la información que se ofrece y podría tener importantes repercusiones. Amnistía, por ejemplo, cree que Facebook desempeñó un papel en el genocidio rohingya al permitir que pasaran mensajes de odio y amplificarlos. Se trata de una acusación fuerte. Pero también se cuestiona el papel de Facebook en el Brexit o en la elección de Trump.

Más allá de estas tragedias, como explica Lê Nguyên Hoang, matemático y divulgador de YouTube, la promoción de contenidos violentos influye en los propios creadores de contenidos. Y este hecho tiene consecuencias incluso en la esfera política. Varios políticos europeos han escrito a Facebook para plantear la cuestión. Se quejaban de que se les animaba a mantener posturas divisivas para que sus discursos tuvieran la oportunidad de aparecer en la red. Este ejemplo muestra claramente la coacción que pesa sobre las posiciones políticas.

Otro problema de los motores de recomendación es que encierran a los usuarios en burbujas separadas. Esto no les ayuda a poder intercambiar opiniones diferentes y garantizar la pluralidad de puntos de vista. Si escuchas un hecho una y otra vez, puedes llegar a pensar que es real, aunque no haya estudios científicos que lo respalden. En ambos casos, burbuja o amplificación de contenidos violentos, los comentarios que se presentan a los internautas carecen de matices.

2. La simplificación de las opiniones con la IA

Las IA presentan una versión simplificada de los datos que digieren. La estadística, por definición, extrae las estructuras dominantes de un conjunto de información. Las IA no son una excepción a la regla. De este modo, responden a muchos problemas, pero ocultan las complejidades de una realidad muy distinta. Este efecto puede observarse en generadores como ChatGPT o MidJourney.

Este fenómeno se ve agravado por la ausencia de fuentes. Cuando ChatGPT hace una declaración, no cita los sitios en los que encontró su información. Pero, sobre todo en un espacio como la Web, no toda la información es igual. Es mucho lo que está en juego. Es aún más importante saber de dónde proceden los comentarios de ChatGPT en un mundo con tanta información falsa. Sin duda, tenemos que cambiar nuestra forma de ver estas aplicaciones para medir sus puntos fuertes y débiles. Sin esta perspectiva crítica, corremos el riesgo de empobrecer nuestro pensamiento y perder nuestra capacidad de comprender los acontecimientos a medida que se desarrollan.

3. Falta de transparencia en la IA

Las IA generativas son aglomeraciones de datos encontrados aquí y allá. En este mundo tan cambiante, resulta realmente difícil citar las fuentes. Quizá no siempre sea necesario. El generador de Nico, por ejemplo, no lo necesitaría. No es el caso de todas las aplicaciones. Empiezan a surgir algunos intentos de indicar la fuente de información en este tipo de software. Es un comienzo y podemos esperar que, al igual que Wikipedia ha evolucionado mucho, las IA incorporen este tipo de capacidad en el futuro. No podemos basar nuestros conocimientos en las respuestas desiguales de una IA sin cuestionarlas. De hecho, eso es lo que deberíamos hacer siempre: cuestionar nuestras fuentes antes de formarnos una opinión. Muchas de nuestras fuentes son parciales, fragmentarias o presentan hechos inventados de la nada.

Así pues, aunque la IA no vaya a tomar el relevo y llevarnos a un conflicto hombre/máquina, no está exenta de peligros. Entonces, ¿hay que regularla para evitar que se nos vaya de las manos?

D. Normativa para controlar la IA

1. Los que temen demasiada regulación

Si echamos la vista atrás en la historia, lo cierto es que las tecnologías han provocado a menudo cambios en la legislación. El Código de Trabajo francés surgió en el contexto de la revolución industrial, con la aparición de la clase obrera. El RGPD llegó veinte años después de la llegada de la Web y la explosión de datos. La IA sigue el mismo camino, pero también encuentra reticencias.

Una de las primeras dificultades radica en las diferencias de opinión sobre el tema. Luc Julia, cocreador de Siri, por ejemplo, no quiere que la legislación sobre IA sea demasiado estricta. Y con razón: si imponemos normas coercitivas, frenaremos la innovación. Estamos en las primeras fases de esta tecnología. Si tomamos medidas restrictivas demasiado rápido, puede que nunca veamos todo el potencial de la IA.

Desde el punto de vista europeo, también podríamos impedir la aparición de *empresas emergentes*. La IA generativa estadounidense está bien establecida. Llevan ventaja. Si restringimos el mercado de la IA, les resultará más fácil adaptarse que a una empresa emergente nueva.

Así que está el bando de los que no quieren imponer demasiadas restricciones a las personas que trabajan en IA.

2. Los que piden una normativa estricta

A la inversa, también hay fuertes protestas para que se detenga todo, sin importar lo que esté en juego económicamente. Y tampoco sin razón. Quizá el ámbito más aterrador en el que entra en juego la IA sea el militar. El gobierno francés no lo oculta. Ve grandes oportunidades en los sistemas de defensa. Por ello, el Ministerio de las Fuerzas Armadas mantiene relaciones con investigadores en inteligencia artificial. Sin embargo, desde 2020 cuenta con un comité de ética.

También hay que señalar que Internet es un invento producido en parte por la defensa estadounidense. En varias ocasiones en el pasado, el ámbito militar ha permitido realizar proezas tecnológicas.

El Gobierno francés no es el único interesado en la IA militar. Las fuerzas estadounidenses han lanzado su proyecto Maven. Ucrania e Israel se están equipando con drones dotados de IA. Las armas autónomas son de facto susceptibles de error, lo que plantea problemas éticos. Conviene subrayar que la inteligencia artificial no ha inventado la guerra. Sólo puede contribuir a ella y tal vez exacerbar sus efectos. También podemos cuestionar la búsqueda del culpable. Si un soldado mata sin querer, ¿no es censurable? Para el caso, ¿no está mal matar en absoluto?

Entonces, ¿deberíamos pararlo todo? Podríamos limitar la IA en ciertas áreas consideradas demasiado peligrosas. Hay aquí un contraargumento interesante. Si la IA evoluciona de forma general, es seguro que ello repercutirá en toda la disciplina. Resulta entonces tentador aplicar los avances en todos los ámbitos, incluso en los más preocupantes. Pero no se puede detener el progreso, ¿verdad? Eso es lo que hizo Facebook en 2021 al detener sus algoritmos de reconocimiento facial. Lo que demuestra que es posible.

3. Un consenso por encontrar

Quizá entre los dos extremos de dejarlo pasar todo o impedirlo todo, haya una vía intermedia que permita un consenso más amplio: la regularización mesurada. Se han hecho varias peticiones serias. La Liga de Autores de Francia pide a Europa que actúe para proteger las obras de los creadores. Hoy, desde el RGPD, tenemos derecho a oponernos a la reutilización de nuestros datos con fines publicitarios, de análisis o de personalización. No hay ninguna casilla para la IA en particular. Hay que decir que cuando se introdujo el RGPD, la IA no estaba tan extendida. Así que es cierto que no existe una opción específica para optar por que no se capturen tus datos para entrenar a la IA. La Liga de Autores también destaca la falta de transparencia de estas aplicaciones.

La ONU pide a los Estados que tomen medidas contra las armas autónomas. A través del Secretario General y en colaboración con el *Comité Internacional de la Cruz*Roja (CICR), pide que se prohíban. Su llamamiento señala la naturaleza impredecible de la IA y, como tal, denuncia el hecho de que esta situación podría cambiar la forma en que se libran las guerras hoy en día.

Existen serias demandas para regular la IA. Y de hecho, los gobiernos están estudiando el tema. En 2023, Joe Biden firmó una orden ejecutiva sobre el tema. Se trata de una cuestión de seguridad. Los fabricantes de IA tendrán que garantizar, con pruebas de apoyo, que sus herramientas no presentan ningún riesgo. Los resultados también tendrán que ponerse a disposición del público. En los ámbitos científico y empresarial ya se oyen voces contrarias a estas medidas. Está claro que es un esfuerzo que se pide a las personas que trabajan sobre el terreno y que, en parte, frenará la innovación. Sin embargo, este no es el objetivo del decreto, que pretende ante todo limitar los peligros de esta tecnología.

En Europa también avanzan los debates y la normativa. La idea es disponer de una legislación común sobre inteligencia artificial.

Nos encontramos al principio de un marco jurídico sin precedentes. Hace unos años, disponer de una normativa sobre protección de datos podía parecer imposible. Ahora, todas las empresas que gestionan datos de ciudadanos europeos están sujetas a ellos. En la práctica, los ingenieros dedican a esto buena parte de su tiempo, que podrían dedicar a tareas más orientadas a la innovación. ¿Significa esto que debemos poner el valor de la innovación por encima de todos los demás, por encima de todos los peligros que prevemos? ¿Y de qué tipo de innovación estamos hablando? ¿Vender más publicidad? ¿De mantener a los usuarios más tiempo en las plataformas? En cualquier caso, este no es el camino que están tomando los gobiernos. La IA, como cualquier nueva tecnología, está cada vez más regulada.

Cabe señalar que esto no se hace sin fricciones. Los Estados que invierten en IA no tienen ningún interés en ver frenados todos sus avances. Por ejemplo, Francia expresa a veces su pesar por la normativa europea.

E. En pocas palabras

- La IA ya se utiliza para controlar a los empleados, y tiene esta capacidad por varias razones. Al mismo tiempo, su naturaleza probabilística la hace algo impredecible.
- La simplificación que aporta al mundo y los efectos de los motores de recomendación (encierro en burbujas y amplificación de noticias sensacionalistas) pesan sobre el discurso democrático hasta tal punto que se han presentado varios recursos.
- Entre los partidarios de la libertad creativa y la prohibición de estas máquinas, la normativa va ocupando poco a poco su lugar.

La IA no puede controlarlo todo, pero puede tener repercusiones importantes en función de la orientación que se le dé. Si quiere desempeñar un papel más importante en nuestras sociedades, debe superar este reto. Si además va a representar a nuestras sociedades, debe ser capaz de considerarlas en su conjunto.

Capítulo 4-2
Los olvidados y olvidadas de la IA

A. La historia de Soraya y la IA

Al día siguiente, Soraya no se atrevió a contarle a Julie la propuesta que le habían hecho en LinkedIn. Ocultó su incomodidad tras una actitud entusiasta. Así que, llena de energía, colaboró con Eran y Julie.

Por la tarde, salió a pasear junto al lago con Nico.Después de ponerse al día sobre sus vidas, Soraya comenzó a hablar con pasión sobre el generador de historias de su amigo. Le hizo algunas críticas con tacto: ¿Por qué la IAsiempre tiene que representarse como una mujer atractiva? ¿Podría la interfazfacilitar más el uso para los usuarios? ¿Incluye opciones para personas con discapacidad visual?

Nico la escuchaba con atención, respondiendo de vez en cuando con un «hmm» afirmativo o un «¿tú crees?» más escéptico. Mientras hablaban, Soraya estaba convencida de que el software iba evolucionando hacia una mejor versión de sí mismo.

— Bueno —dijo Nico al cabo de un rato—, ¿dónde está la Soraya que no sabía nada de todas estas aplicaciones?

Soraya sonrió de oreja a oreja.

— Yo... es... es en parte gracias a ti.

Y también a sus miedos, estuvo a punto de añadir. Si no hubiera atravesado todas las ideas preconcebidas sobre la IA, nunca habría logrado deshacerse de ellas y llegar hasta aquí. ¿Hasta aquí? ¿A dónde exactamente? Suspiró. En realidad, a ninguna parte. Aunque había aprendido mucho, seguía siendo una joven bibliotecaria con un empleo inestable.

— No pareces muyentusiasmada, ¿no? —observó Nico.

— ¿Recuerdasla jefa de proyecto? ¿Julie?

Nico parpadeó.

— Sí.

— Bueno... me dijo que su empresa estaba contratando personal.

— Es maravilloso —exclamó Nico antes de volver a ponerse más serio. Pero, ¿te interesa?

— No. Lo que realmente me gustaría es que la biblioteca integrara estas herramientas.

Nicoarqueólas cejas.

— Así que pregúntale a tu jefe. Esta vez tienes dos argumentos a tu favor: has ayudado al equipo de consultoría y casi tienes una oferta de trabajo en otro sitio.

Sorayabajó la mirada. Nico tenía razón.

B. Brecha digital, analfabetismo digital

1. El analfabetismo, un fenómeno generalizado

Soraya ha comprendido que debe ayudar a los consumidores a usar un servicio. Si la IA va a desempeñar un papel cada vez más importante, sobre todo en el mundo laboral, en aras de la democracia y también simplemente de la eficacia, debemos asegurarnos de que no deje a nadie en el camino. ¿Es esto posible? En realidad, sabemos que la tecnología digital en sí no es accesible a todo el mundo. El ilectronismo o brecha digital, la incapacidad para manejar herramientas informáticas, es un fenómeno muy extendido. El Insee estimó en 2023 que la proporción de personas en Francia afectadas por esta condición era del 15%, lo que representa una proporción significativa de la población. Si el software y la IA van a constituir la base de nuestra sociedad, tendremos que ocuparnos de este 15% de la población. Antes de hablar de acciones, veamos una definición más precisa del analfabetismo.

El ilectronismo puede compararse al analfabetismo, pero en forma digital. El término se refiere a los usuarios que tienen poca o ninguna habilidad para utilizar programas informáticos. Se pueden identificar tres categorías de problemas.

2. Primera categoría: personas que no tienen acceso físico a herramientas digitales

La primera se refiere al acceso a las herramientas en sí. Si no tienes un ordenador o un smartphone, si tu conexión a Internet es limitada o inexistente, estás en este grupo. En este caso, el problema es más bien físico. La IA necesita apoyo. Si quieres visitar ChatGPT, necesitarás un objeto para entrar en relación con la herramienta. Según cifras del INSEE, una de cada dos personas mayores de setenta y cinco años no tiene conexión a Internet en casa. La brecha digital cambia con la edad, y el INSEE señala que los hogares con niños tienen menos dificultades. Los más jóvenes aportan sus conocimientos, pero también ofrecen herramientas de acceso a sus mayores.

3. Segunda categoría: personas que no saben utilizar herramientas digitales

La segunda categoría se refiere al uso y dominio de estos nuevos instrumentos. No se trata sólo de poseerlos. También hay que saber utilizarlos. Debido a su falta de experiencia con Internet, muchas personas no realizan sus trámites administrativos en línea. El INSEE observa diferencias significativas según la edad, el nivel de estudios y el tipo de hogar. Curiosamente, a veces son las necesidades las que crean las competencias. Por ejemplo, el INSEE señala que los desempleados están más familiarizados con las herramientas electrónicas que los empleados actuales. Se supone que esto se debe a que dependen más de Internet.

Es difícil lograr que las aplicaciones sean accesibles para todos los residentes. Las IA tienen que romper este patrón y ser más fáciles de usar. Quizá haya algo que jugar aquí. La inteligencia artificial podría simplificar las interacciones procesando el lenguaje natural. Es más fácil decir "genérame una imagen con el Papa en un plumífero" que tener que introducir las palabras clave "papa" en "plumífero", sabiendo que hay que rodear con un círculo "papa" y "plumífero" para mostrar la importancia de los términos. Mejor aún, la IA creará por ti el montaje fotográfico solicitado. Facilita la interacción con la máquina.

4. Tercera categoría: personas que no saben cómo obtener información con herramientas digitales

La última categoría de analfabetismo se refiere a la incapacidad de una parte de la población para comprobar la veracidad y calidad de la información encontrada a través de programas e interfaces web. Una de cada cuatro personas no sabe cómo obtener información, y una de cada cinco es incapaz de comunicarse. A esto se añade el creciente fenómeno de la teoría de la conspiración. Según la dirección que tome, la IA influye en estas tres formas de analfabetismo. Pero es quizás en ésta en la que tiene la influencia más negativa. Una cuarta parte de las personas son vulnerables a las noticias falsas. La IA tiende, al menos a través de varios tipos como la recomendación o los generadores, a acentuar esta situación. Produce y refuerza informaciones erróneas o divisorias con tal aplomo que la gente las toma al pie de la letra.

5. Superar el analfabetismo

No obstante, existen iniciativas para que las personas con dificultades digitales no se queden atrás. En Francia, por ejemplo, se han creado espacios públicos donde se puede practicar con el ordenador.

La IA puede acentuar el fenómeno amplificando la información falsa, o reducirlo simplificando los programas informáticos. La informática es un campo nuevo y puede llevar tiempo que la gente aprenda y comprenda lo que está en juego. El analfabetismo afecta a 13 millones de personas en Francia. Es una cifra que podría reducirse, aunque sólo fuera por razones de apoyo a estas tecnologías. Sin embargo, esto no debe tomarse al pie de la letra, ya que las teorías conspirativas van en aumento.

En cualquier caso, para construir una IA inclusiva, es necesario reducir el analfabetismo digital.

6. Accesibilidad

A estas dificultades se añaden las interfaces, que no siempre están diseñadas para personas con problemas de visión, daltónicos o cualquier otra forma de discapacidad. Tenga en cuenta que éstas pueden ser temporales. Si eres hipermétrope y tu visión cambia, seguramente necesitarás unas gafas nuevas. Pero mientras esperas a que te hagan las monturas, podrás seguir navegando por tus sitios favoritos.

La accesibilidad también tiene que ver con el idioma. Muchos programas sólo están disponibles en inglés, lo que no facilita su uso a todo el mundo.

7. La parcialidad y el problema de las personas no representadas o mal representadas

a. IA y discriminación

Soraya señala que, en la ficción, las IA suelen representarse como mujeres atractivas y moldeables. Es una fantasía que existe desde hace mucho tiempo. Auguste Villiers de L'Isle-Adam escribió *L'Ève*future (La Eva futura), en la que retrataba a un científico, Thomas Edison, que fabricaba un androide perfecto: una mujer dócil. Homer, por su parte, describía a sus seres artificiales como "sirvientas" que parecían "vírgenes vivientes", renovando así el sueño de la virginidad femenina.

Soraya denuncia este cliché y lamenta que aparezca en la IA de Nico. No es culpa de su amiga, ni sólo de ella. Sabemos que las IA no son mágicas. El programa no tiene nada de malicioso. Sin embargo, es capaz de proponer estereotipos dudosos. El que señala Soraya es sutil, pero en las IA hay muchos otros que a veces lo son mucho menos. Las IA aprenden de los datos. Ésa es su fuente de verdad. A partir de esos datos elaboran historias, predicciones o respuestas. Por desgracia, los datos están llenos de nuestros prejuicios. Y nuestras IA también.

8. Disparidades en las lenguas representadas

Existe una disparidad en las lenguas representadas por las IA. No nos damos cuenta necesariamente cuando somos franceses, pero una gran parte del mundo ha sido olvidada con la aparición de las IA. La mayoría de los programas inteligentes que manipulamos hablan bien francés. Incluso dominan mejor el inglés. En general, las lenguas más comunes de los países más influyentes están bien tratadas.

Hay varias razones para ello. En primer lugar, es cierto que son los países con lenguas dominantes los más avanzados en estas tecnologías. Los investigadores e ingenieros desarrollan sobre todo herramientas para sí mismos y para los habitantes de sus regiones geográficas. Se trata de una tendencia natural, aunque sea lamentable. Otro problema es que hay menos recursos para determinadas lenguas. Cuanto menos producción escrita o grabada tiene una lengua, menos contenidos produce y más limitado se vuelve su aprendizaje. Si le preguntas a ChatGPT cuántos idiomas soporta, te dirá algo así: "Puedo entender y generar texto en muchos idiomas, pero el nivel de habilidad puede variar. Los principales idiomas que admito a un nivel bastante avanzado son el inglés, el francés, el español, el alemán, el chino, el ruso, el japonés y muchos otros. Sin embargo, mi rendimiento puede ser mejor en unos idiomas que en otros, y es posible que no cubra todos los idiomas del mundo. Si tienes alguna pregunta específica o necesitas información en un idioma concreto, ¡házmelo saber!".

Lo mismo ocurre con las herramientas de traducción. Google está desarrollando modelos de IA que admiten hasta mil idiomas, aunque con distintos niveles de precisión. No es fácil dar una definición fiable de lo que es un idioma ni contar el número exacto de lenguas. El consenso científico es que hay siete mil. Por tanto, Google se enfrentaría a una séptima parte de todas las lenguas habladas. No es mucho, pero podría marcar la diferencia en medio de la IA actual.

9. Discriminación cultural

No es sólo el lenguaje lo que crea disparidades culturales. Hasta hace poco, si se pedía a los motores de GPT que completaran o contaran una historia en la que aparecieran musulmanes, se obtenía rápidamente una declaración sobre terrorismo y violencia. Si tenemos en cuenta cómo se entrenan las IA, no es de extrañar. Reproducen nuestro mundo y en los últimos años hemos visto sobre todo artículos sobre los excesos del Islam. Desde entonces, OpenAI ha corregido la situación. Los textos generados están llenos de precauciones y reflejan un esfuerzo de moderación. Por ejemplo, es probable que ChatGPT, después de contarte una historia con musulmanes, diga algo como: "Es esencial recordar que las experiencias de los individuos dentro de la comunidad musulmana son muy amplias, y que este texto representa sólo un punto de vista particular".

Si buscas 'niños europeos' en Google, verás imágenes de jóvenes sonriendo. Si buscas 'niños africanos', los resultados serán muy distintos. Encontrará niñas y niños que se ríen a carcajadas, pero muy pronto encontrará niños enfermos y desnutridos. Sin negar el hecho de que el hambre sigue siendo un problema en muchas partes del mundo, la investigación te da un resultado sesgado que te encuentras en la IA. Del mismo modo, intentarán sortear este efecto con mayor o menor éxito. ChatGPT es capaz de producir hermosos textos sobre niños africanos, pero no puede evitar insertar frases como "La vivacidad de sus espíritus y la amistad que compartían eran un testimonio de la resistencia y la alegría que suelen caracterizar a los niños, independientemente de su origen geográfico". Tenemos una representación prejuiciosa, pero puede ir más allá según la IA. El Consejo de Europa señala los ámbitos en los que podría tener repercusiones negativas: policía, contratación, publicidad, discriminación de precios, búsqueda y análisis de imágenes, herramientas de traducción, etc.

10. Discriminación de género

La IA también incide en la discriminación de género. Tomemos dos ejemplos citados por el Consejo de Europa. En primer lugar, la contratación mediante IA es problemática. Google había diseñado un software para filtrar automáticamente los currículos entrantes. Al cabo de un tiempo, la empresa se dio cuenta de que el programa excluía perfiles femeninos. Simplemente estaba reproduciendo lo que ya había visto en el mundo de la tecnología: contratar a una abrumadora mayoría de hombres. Aunque el nombre de pila esté oculto, aunque no haya foto, hay muchas otras cosas que nos hacen socializar como mujeres o como hombres: las actividades que hacemos, nuestra educación, etc. La IA había aprendido muy bien estas cosas. La IA había aprendido muy bien estas diferencias culturales y sobre esta base se construyó.

Esto también es un problema de traducción. Si le pides a Google Translate que traduzca "a nurse" al francés, dirá "une infirmière". Sin embargo, "a nurse" no tiene marcador de género. "A doctor" se convierte en "un docteur". No hay ninguna razón a priori para utilizar el femenino en un caso y el masculino en el otro. Lo que vemos aquí es sobre todo una transposición de nuestros prejuicios.

Las mujeres han sido históricamente menos representadas en el desarrollo de IA. Un ejemplo es la falta de entrenamiento de los GPS con voces femeninas, lo que en algunos casos afectó su reconocimiento de comandos. Puede resultar tentador decir que las mujeres nunca entienden estas herramientas. Eso sería negar el hecho de que las IA se entrenan más a menudo con modelos masculinos.

Estos sesgos no siempre son conscientes, pero hay ocasiones en que claramente lo son. Durante mucho tiempo, Siri tuvo una voz femenina en la mayoría de los países donde se implementó. La razón la dieron los propios creadores. Consideraban que los usuarios estaban más acostumbrados a la servidumbre femenina. Más concretamente, los países que tenían derecho a un interlocutor masculino gozaban de este privilegio porque se pensaba que estaban más acostumbrados a la domesticidad masculina. Volvemos a la imagen de las sirvientas que parecen vírgenes. Se ha hablado mucho de los datos en los que desgraciadamente hay sesgos naturales que traicionan los estereotipos de nuestras sociedades, como el hecho de que es más fácil imaginar a alguien que nos responde las 24 horas del día de forma amable y siempre amistosa en un cuerpo femenino frágil que en el de un tipo grande y fuerte. Pero hay algo más en juego. Se han tomado decisiones que refuerzan las desigualdades entre hombres y mujeres.

11. La dificultad de proteger automáticamente a las minorías

Mencionemos un último problema al que se enfrenta la IA antes de examinar las posibles soluciones. Paradójicamente, en su afán por proteger a determinadas minorías, la IA las margina. La moderación aprende que las palabras "bollera" o "maricón", por ejemplo, deben prohibirse y que las personas que las utilizan deben ser censuradas. Esta moderación está automatizada. Se practica y se aplica. En realidad, estas palabras ofensivas no tienen cabida en un comunicado. Sin embargo, y aquí viene lo extraño, también las pronuncian las personas afectadas. Si un humano ve "Las personas trans, queer y bolleras no nos callaremos nunca más", entenderá el matiz y que se trata de un acto de protesta que interesa más a las personas LGBT. Es probable que la IA tenga más problemas y se limite a prohibir el acceso al usuario que ha producido el texto.

El periódico New York Time hizo esta observación. Explicó que su aplicación de moderación había aprendido que un comentario que contuviera la palabra "judío" tenía más probabilidades de ser percibido como tóxico, aunque estuviera escrito por un miembro de la comunidad. Ante esta situación, The New York Time decidió dejar gran parte de la moderación automática en manos humanas. El aprendizaje automático se utiliza con moderación. Es una solución posible, pero no exenta de inconvenientes. Es costoso, ya que a veces requiere una batería de trabajadores para llevar a cabo un tedioso trabajo de moderación que puede resultar mentalmente agotador.

12. IA: herramientas desarrolladas por un grupo minoritario de la población

La mayoría de las personas que trabajan en el campo de la IA, al menos en la parte puramente digital, son hombres blancos de entornos privilegiados. El 15% de los informáticos son mujeres. Ni que decir tiene que esto es muy, muy poco. ¿Cómo puede este grupo no diverso pensar en lo que ocurre fuera de sí mismo? No se trata de culparles. Simplemente es más difícil hacer aplicaciones para otras personas. Naturalmente, primero van a resolver sus propios problemas. Mientras que el software para calcular la frecuencia cardiaca o el número de pasos inundaba el mercado, pasaron varios años antes de que apareciera alguno para los ciclos menstruales. En cualquier caso, más de la mitad de las personas de nuestro planeta se ocupan de los ciclos menstruales a lo largo de su vida, pero sólo el 15% de las que trabajan en el sector digital.

¿Es inevitable? No necesariamente. Lo que sí podemos decir es que, históricamente, el 15% no siempre ha estado ahí. Así que no, la informática no es una cosa de frikis reservada a los varones blancos. Hubo un tiempo en que la población de informáticos era diferente. Pensemos en Ada Lovelace, la primera mujer programadora que conocemos. Incluso después de ella, hubo otras mujeres activas en el campo. Grace Hopper creó el lenguaje Cobol, ampliamente utilizado durante muchos años. También popularizó el uso de la palabra "bug". Hedy Lamarr desarrolló un sistema de comunicaciones que condujo a la invención de Wi-Fi, Bluetooth y GPS. Más allá de estos grandes nombres, antes de que la informática se convirtiera en una disciplina considerada importante para nuestras sociedades, las mujeres eran mucho más numerosas. Ocupaban puestos clave en un sector que se veía como una mezcolanza. Este sigue siendo el caso en países como Malasia. La visión de la tecnología digital y la IA puede ser muy diferente según el interés que se tenga en ella. Hoy, en Francia, la vemos como una materia técnica basada en conceptos lógicos y matemáticos. De hecho, así es como la hemos descrito. Pero podríamos verla de otra manera. ¿No sería simplemente una combinación de lingüística y una receta a seguir? Pon un "si" aquí, un "si no" allá y ya está. Mezclas los elementos de la sintaxis como si fueran ingredientes, lo pasas todo por un horno también conocido como "compilador" o "intérprete" y tienes un hermoso pastel o una hermosa aplicación. Es importante añadir que la cocina también es un campo de la ciencia que tiene mucho más que ver con la química de lo que podría parecer a primera vista. Pero en nuestra sociedad, la cocina se considera una habilidad femenina sin ningún interés científico. Si vemos la informática como cocina, se cae el mito del friki con su lado viril. Ninguno de los dos puntos de vista es contradictorio. Sin embargo, influyen en nuestra relación con este ámbito.

13. Abrir el mundo de la IA y la informática a un mayor número de personas

Abrir las puertas de la IA a un mayor número de personas permitiría a éstas plantear posibles sesgos en las aplicaciones antes de que los perciban los usuarios, que suelen ser más representativos de nuestra sociedad. Se trata de una situación deseable tanto por razones comerciales como éticas. El mundo de la informática está intensificando sus esfuerzos en este ámbito.

*Los modelos de conducta*podrían ser una salida. Se trata de poner de relieve las trayectorias profesionales de personas que no se esperan. Por ejemplo, animar a las mujeres a enseñar a los niños los fundamentos de la programación. Aunque loable, no es tan fácil. Para empezar, sigue siendo pedir energía a una población que ya pone más de su parte en su existencia diaria. En segundo lugar, los prejuicios empiezan muy pronto, a veces tan pronto que es difícil saber cuándo intervenir. Es desalentador encontrarse en una clase de primaria como *modelo*femenino aprendiendo a hacer un pequeño juego basado en código, y oír al profesor decir alto y claro que las niñas no podrán hacerlo de todos modos porque no son tan buenas en matemáticas.

El camino por recorrer es largo y la deconstrucción dolorosa. Por eso se alzan voces más radicales a favor de la "discriminación positiva". Este concepto ya tiene un nombre problemático. Pero Isabelle Collet, especialista en la posición de la mujer en el mundo digital, sugiere que lo veamos de otra manera. El término "discriminación" tiene de entrada una connotación negativa. ¿No podríamos hablar de "ponerse al día"? Consciente o inconscientemente, a las mujeres y a las personas pertenecientes a minorías se las educa para que se queden en su rincón, se las orienta hacia estudios menos competitivos y se las anima a seguir carreras con escaso impacto económico. ¿No sería mejor reconocer estos hechos e intentar compensarlos? Como dice Isabelle Collet, es "intelectualmente decepcionante", pero mientras esperamos los enormes cambios de mentalidad necesarios, ¿no podemos avanzar más rápido de esta manera?

14. Otras técnicas contra la discriminación por IA

Existen programas informáticos que intentan discernir categorías en las que la IA no tendría suficientes datos de entrenamiento para aprender. Es un comienzo, pero sigue siendo limitado.

Otra forma de remediar el problema sería intensificar los esfuerzos de moderación. Esto es lo que ha hecho ChatGPT en el caso de los musulmanes. En realidad, el resultado es extraño y delata un esfuerzo que oculta una dificultad subyacente. Esta moderación, ya sea automática mediante IA o humana como en el caso de The New York Time, es siempre más o menos indirectamente obra de microtareas y microtareas. Pero estas "profesiones" ya están bajo presión.

Ninguna solución es mágica. Todas tienen sus contrapartidas. Sin embargo, si queremos que todo el mundo se sume a la IA, sobre todo si va a moldear nuestra relación con el trabajo, tenemos que analizar el problema.

C. La IA se basa en el trabajo de los trabajadores

1. Las difíciles condiciones de trabajo de los anotadores y moderadores

Los anotadores y moderadores de contenido son esenciales en la IA, pero siguen siendo invisibles para la mayoría. Aparecen poco o nada en el discurso. Antonio Casilli, experto en la materia, observa con ironía que cuando los empleados son sustituidos por IA, el fenómeno aparece en los titulares, pero no se dice nada de la posición de los anotadores. Su propio título fluctúa.

Sus condiciones también muestran la poca consideración que reciben. Analicémoslas esta vez desde un punto de vista más ético. Cobran una media de dos dólares la hora. Su situación es a menudo precaria. La descripción de su trabajo rara vez indica lo que realmente hacen. Muchos quedan fuera del ámbito de aplicación de la legislación laboral porque no están reconocidos como trabajadores. Las dificultades se agravan cuando el trabajo implica moderación. Ver una decapitación, que por desgracia es el tipo de contenido al que se somete a estas personas, no está exento de consecuencias. Los moderadores no sólo limpian la Red, que ya está manchada de contenidos problemáticos, sino que también se ocupan de lo que ni siquiera aparece a nuestros ojos como consumidores. Servicios como Facebook estarían mucho peor sin la moderación automática o manual, que en todos los casos implica una cantidad significativa de intervención humana. Sabemos que esta tarea es perjudicial para la salud mental. Los testimonios apuntan a este problema, incluso cuando hay psicólogos o psiquiatras a mano para apoyar a los microtrabajadores. Además, este apoyo no siempre es eficaz.

2. Soluciones para mejorar las condiciones de los anotadores

¿Qué se puede hacer? ¿Cómo incluir a estas personas en la IA del mañana? Un artículo publicado en Libération el 1 de noviembre de 2023 aporta algunas respuestas. Lo firman Antonio Casilli e Intérêt à agir, una asociación de abogados que trabajan para ONG y sindicatos, como ella misma se describe. El artículo señala que entre el 4,4% y el 12,5% de la mano de obra mundial trabaja para plataformas digitales, según el Banco Mundial. Si los gobiernos se plantean regular la IA, les interesan más los usuarios. No hay nada que proteja a los trabajadores de datos. Esto es lo que pide el foro. Quiere que los gobiernos exijan a las empresas que reconozcan a estas personas. También insta a los desarrolladores de IA a ser conscientes de las consecuencias de sus actos.

Por último, los anotadores deberían contar con mecanismos de reclamación y derechos laborales claros. La segunda propuesta es especialmente interesante. Durante una mesa redonda en la feria literaria *L'Ouest Hurlant* (El Oeste Aullante), un evento francés dedicado a la ciencia ficción, la fantasía y otros géneros especulativos, Anouck Faure, autor e ilustrador, destacó un hecho notable sobre la IA y sus preocupantes repercusiones en los productores de contenidos. Los ingenieros, científicos de datos y demás personas que trabajan en el campo de la IA suelen sumergirse en conceptos complejos. Encajan con entusiasmo las piezas de un rompecabezas sin darse cuenta necesariamente de su finalidad ni de todos sus entresijos. Uno de los problemas es que los que trabajan en este campo no son conscientes del impacto que tienen en el mundo que les rodea.

3. ¿Podría existir la IA reconociendo a los anotadores?

Hay muchos anotadores. Si la IA remunerara de manera justa a todos sus trabajadores, ¿seguiría siendo rentable? Es una de las grandes preguntas. Si tenemos en cuenta el volumen y la calidad de los trabajadores de la información, cabe preguntarse si esta disciplina seguiría mereciendo la pena en una sociedad con ánimo de lucro. Como investigación científica, desde luego. Pero, ¿y como producto comercializable? Sin embargo, algunas empresas prefieren mimar a sus anotadores. También es una de las formas de obtener buenos datos y, por tanto, una IA eficaz. Entre la multitud de microoperadores mal pagados y no reconocidos, también hay situaciones más envidiables. Microsoft, por ejemplo, pone mucho cuidado en la contratación de estos trabajadores y los reconoce como tales. Se les entrevista y se les pide que demuestren sus competencias. Sin embargo, esto no representa a la gran mayoría de los anotadores. Si se pagara el coste real, no es seguro que la disciplina perdurara del mismo modo que hoy. ¿Podría siquiera existir si se hiciera más hincapié en los anotadores? ¿Tendría sentido desde el punto de vista económico? ¿Qué sentido tiene desplazar a los trabajadores? ¿No es la amenaza del Gran Sustituto una forma de garantizar la supervivencia de la inteligencia artificial?

Resulta paradójico darse cuenta de que la industria de la inteligencia artificial, que supuestamente nos va a suplantar, se basa y prospera únicamente gracias a una multitud de personas que trabajan en la sombra.

4. La informática es física

La IA se basa en la informática, y la informática necesita un sistema de apoyo: un ordenador, una tableta, un televisor, domótica, etc.

En el caso de los teléfonos, la mayoría son fabricados en China por trabajadores inmigrantes. Muchos de ellos son adolescentes. En las distintas etapas se utilizan numerosas sustancias tóxicas que provocan enfermedades profesionales.

Además, los componentes de un smartphone proceden de minas situadas en el Congo. Entre los trabajadores hay niños, que trabajan en condiciones difíciles y peligrosas. Los riesgos son muchos y mortales.

D. En pocas palabras

- Existen diversas categorías de personas que la IA tiene dificultades para incluir en sus avances. En primer lugar, están los usuarios con dificultades para acceder y manejar herramientas digitales. Un 25 % de la población no sabe cómo buscar información en la web, y este problema podría agravarse con la expansión de las nuevas inteligencias artificiales. Sin embargo, al mismo tiempo, la IA también facilita el uso de aplicaciones complejas.
- Como herramienta basada en modelos estadísticos, la IA ofrece una representación simplificada de la sociedad. En este proceso, no solo refleja los prejuicios existentes, sino que también contribuye a su permanencia e incluso los amplifica. Corregir estas distorsiones es un desafío a largo plazo, pero existen diferentes estrategias para abordarlo.
- Una de ellas consiste en incorporar más moderadores y anotadores de datos al proceso. Son ellos quienes garantizan el buen funcionamiento de estos sistemas, aunque rara vez reciben reconocimiento. A estos trabajadores invisibles se suman los operarios de fábricas que ensamblan nuestros teléfonos y ordenadores, así como los mineros que extraen los minerales esenciales para su fabricación.
- En última instancia, la IA contribuye a la marginación de una parte significativa de la población. Esto ocurre, en parte, debido a las limitaciones inherentes a su estructura estadística, pero también porque en su desarrollo prima la rentabilidad económica sobre consideraciones más humanas.
- Regresemos con Soraya para explorar otra dimensión que, a largo plazo, podría convertirse en un obstáculo importante para la IA: el impacto ambiental.

Capítulo 4-3
La IA frente al problema medioambiental: ¿cómo encaja en la ecuación?

A. La historia de Soraya y la IA

Dicho y hecho. Cuando Soraya volvió a la biblioteca, corrió hacia Christophe.

— Necesito hablar contigo.

Lo había dicho tantas veces... ¿No se habría cansado ya Christophe?

— No —respondió con la cara enrojecida de alegría—. Primero tengo algo que decirte.

Soraya frunció el ceño y se dejó llevar por la cortesía.

— Por favor, dijo.

— Ya he confirmado tu integración en el equipo, anunció Christophe.

Soraya no pudo evitar un respingo. Consciente de que se encontraba en un entorno profesional, trató de calmarse, se alisó la parte inferior del jersey ysuavizó su sonrisa.

— Yo... eh... gracias.

— Gracias por tu implicación a lo largo de los años y tu participación en el proyecto. Si te parece bien, podemos firmar a las 14 h.

— Dos de la tarde, repitió Soraya como si hubiera sido una palabra divina. Sí, está bien.

Christophe se dedicó a sus asuntos. Sólo le quedaba rechazar la oferta de Julie. Cuando apareció, Soraya le ofreció un café. Mientras Julie cogía su bebida, Soraya dijo:

— Recibí tu mensaje de LinkedIn. Gracias, pero prefiero la biblioteca.

Julie se encogió de hombros.

— ¿Es por lo del "trato con el diablo"?

— Oh, no.

Soraya se detuvo en su reflexión.

— Puede que me haya influido un poco, la verdad. Sin ánimo de ofenderte, bibliotecario me parece una profesión con más sentido.

— Cuestión de opiniones. Pero puede ser más duradero en cualquier caso.

Soraya enarcó una ceja. Julie captó su gesto y le explicó:

— Bajo su bella apariencia, el trabajo en IA no es tan estable como parece. Al paso que vamos, dentro de treinta añosserá una disciplina extinta. Un fracaso desde su nacimiento.

Julie tenía una forma de hablar directa, tan molesta como intrigante.

— Quiero decir, continuó. Si nos quedamos sin minerales, no quedarán recursos para construir ordenadores.

Rió con ironía.

— Imagino que cuando la tecnología digital muera, hablaremos de una quinta revolución. No estoy seguro de que lo veamos como un progreso. Aunque podría serlo.

Soraya no sabía cómo responder a semejante afirmación. En sus investigaciones había encontrado algunos artículos sobre inteligencia artificial y ecología. Pero no había profundizado demasiado en el tema. Ya lo haría más adelante. Hoy, Soraya iba a apuntarse a unas prácticas. Se acabó la inseguridad laboral. Nada se interpondría en su camino hacia la felicidad.

— ¿Empezamos? —preguntó Soraya—. Tengo cuarenta y cinco minutos antes deir al mostrador de préstamos y devoluciones.

— Nos ponemos manos a la obra, confirmó Julie.

B. Contaminación informática y digital

1. Algunas cifras sobre el cambio climático

Antes de hablar de tecnología digital, vayamos a lo básico. Actualmente estamos experimentando los efectos del cambio climático. El IPCC (*Grupo Intergubernamental de Expertos sobre el Cambio Climático*) prevé un aumento de entre 3 y 5 grados para 2100 si no se hace nada. La hipótesis más optimista es de 1,5 grados, con consecuencias de gran alcance: acidez de los océanos, disminución de la biodiversidad, inundaciones, olas de calor, sequías, etcétera. Se podría argumentar que la Tierra ya se ha calentado. De hecho, en 20.000 años se ha calentado 5 grados. La velocidad a la que se está produciendo el cambio actual no es comparable.

De aquí a 2050, para reducir nuestra huella y alcanzar el objetivo de 1,5 grados, cada francés tendría que producir sólo dos toneladas de CO_2 al año, lo que equivale a un viaje de ida y vuelta a Nueva York, diez mil kilómetros en coche, doscientos setenta y seis platos de carne de vacuno o trece ordenadores.

2. La informática, una realidad tangible

Julie sostiene que la contaminación digital generada está contribuyendo a la informalización de la informática y a la desaparición de esta disciplina. Antes de considerar el papel de la IA en esta ecuación, echemos un vistazo a los retos a los que se enfrenta la informática en general.

Pero, en realidad, ¿no resuelve la informática el problema ecológico? ¿No contribuye a una desmaterialización que ahorra recursos? En lugar de talar toneladas de árboles, ahora podemos leer cientos de novelas en una tableta. ¿No es eso mejor para nuestro medio ambiente? ¿No está todo almacenado *en la nube*? Sí y no. Sí, la nube contiene la mayoría de los datos de las aplicaciones que poseemos. No, al contrario de lo que sugiere el término, el código y todo lo que lo rodea no vuela por los aires. Aterriza en servidores dispuestos longitudinalmente en salas ventiladas.

La idea de la desmaterialización es engañosa: no se trata de sustituir un recurso físico por algo inmaterial, sino de desplazarlo a otro lugar. En lugar de tener un trozo de papel a mano, acabamos teniendo un archivo cuya existencia tangible suele estar a sólo varios cientos de kilómetros de distancia. La información pasa por los cables y llega a nuestros terminales: tabletas, ordenadores, relojes conectados, lectores electrónicos, etcétera. Ha pasado por un conjunto de componentes que podemos tocar y manipular. Así que, en contra de las apariencias, la informática tiene una realidad material. En este sentido, como cualquier otro objeto, tiene un impacto medioambiental.

3. Contaminación por servidores y cables

Ya hemos hablado de los servidores, y esto es a menudo lo que nos viene a la mente cuando pensamos en contaminación digital. Muchos datos se almacenan en estas máquinas, que en realidad no son más que ordenadores. Igual que los tuyos, almacenan información y realizan procesamientos. Para soportar la carga de la Web y sus consumidores, son numerosas. Netcraft, una empresa británica especializada en análisis del sector digital, calcula que en 2023 habrá 12 millones de servidores. Estas máquinas se construyen con materiales como el platino, el estaño y el titanio. Además, funcionan las 24 horas del día, lo que conlleva gastos de electricidad. Según ADEME (Agence de la transition écologique) y ACERP (Autorité de régulations des communications), el 10% del gasto en electricidad procede de la tecnología digital. Para cada francés, esto equivale a un viaje en coche de 2.259 kilómetros o al consumo de un radiador de 1.000 W durante treinta días.

Los servidores generan calor cuando están en uso. Para evitar el sobrecalentamiento, hay que ventilarlos o climatizarlos. En todos los casos, esto supone un gasto adicional de electricidad. Si estos ordenadores consumen energía durante su vida útil, también lo hacen durante su construcción. Ya mencionamos que están hechos de varios minerales, entre ellos metales raros. Éstos proceden de la tierra y hay que extraerlos. Esto tiene lugar en países donde la energía todavía se basa en gran medida en el carbono.

Más allá de los servidores, hay un laberinto de cables que corren por debajo de nosotros y nos unen a todos en la red. Estas redes también tienen un impacto.

4. Aún más contaminación: la de nuestras terminales

Según ADEME y ARCEP, "el 2,5% de la huella de carbono de Francia es digital". De este porcentaje, se calcula que las redes representan entre el 2 y el 14%. En cuanto a los centros de datos, la cifra oscila entre el 4 y el 22%. Si se hacen bien las cuentas, aunque se tengan en cuenta las mediciones más elevadas, aún no se llega al 100%. Apenas llegamos al 36%. Entonces, ¿dónde va a parar el 64% restante? En nuestros equipos personales. Y son muchos: televisores, ordenadores, TV boxes, videoconsolas, tabletas, teléfonos, videoproyectores, sistemas domóticos, etc. Estos aparatos son responsables de entre el 65% y el 90% del impacto ambiental.

A diferencia de lo que se suele pensar, son sobre todo nuestros usos cotidianos los que contaminan. Los servidores, en cambio, tienen menos impacto. Esto se debe a que nuestras herramientas son una masa de pequeños componentes que tienen su propia materialidad y que tenemos que sacar de las minas. Esta extracción, según cómo se haga, genera más o menos CO2. De hecho, casi siempre lo hace. Y cuantos más usos digitales tenemos, más recursos tenemos que extraer y más contaminamos.

Esta es la segunda sorpresa cuando analizamos la cuestión de la contaminación digital. "El 78% del impacto medioambiental de la tecnología digital en términos de emisiones de gases de efecto invernadero está relacionado con la fase de fabricación". Sólo "el 21% se refiere a la fase de uso". Tampoco hay que despreciar ese 21%. Quizá también haya que hacer algo al respecto. Sólo hay que darse cuenta de que el coste energético está en el nacimiento mismo de las pantallas y los componentes de esta familia. En Francia, "cada año se utilizan 62,5 millones de toneladas de recursos para producir y utilizar equipos digitales".

Para concluir con el tema de los hombres y mujeres olvidados de la IA y la TI, debemos señalar que se trata de los trabajadores invisibles que participan en la fabricación.

5. La contaminación por residuos

Para completar estos descubrimientos, ADEME y ACERP informan sobre el problema de los residuos. En Francia, "cada año se producen 20 millones de toneladas de residuos a lo largo de todo el ciclo de vida de los equipos", lo que representa 299 kilos por francés. Los objetos digitales que manejamos son difíciles de reciclar. Sus componentes son tan finos que resulta difícil extraerlos al final de su ciclo de vida y reutilizarlos. Es complicado por dos razones. La primera es que es costoso desde el punto de vista financiero. La segunda es el impacto energético. Reciclar objetos tan pequeños requiere un gran esfuerzo, que no es poco para el medio ambiente.

6. El problema del efecto rebote

ADEME y ACERP también documentan lo que se conoce como "efecto rebote". Cuanto más fácil de usar es una tecnología, más inocua parece para el medio ambiente y más la utilizamos. Por ejemplo, el informe predice un efecto rebote con el auge de la 5G.

Si la Red se hace aún más eficiente, si la domótica se hace accesible, más gente querrá aprovecharla, y esto puede aumentar la presión sobre el medio ambiente. ADEME y ACERP señalan las limitaciones de sus estudios. Es difícil cuantificar el efecto rebote.

Otra situación posible, y que hemos visto mucho desde el inicio de la web, es que el rendimiento con 5G podría acercarse gradualmente al de 4G. Los desarrolladores podrían construir sitios más pesados que requieran 5G para que las aplicaciones se carguen tan rápido como solían hacerlo en 4G. Los usuarios acabarían teniendo la misma calidad que antes, pero tendrían que cambiar de soporte para no perder lo que ya tenían.

Hagamos justicia al 5G en un punto: permite el despliegue de la domótica. Sin embargo, es un aspecto preocupante, ya que sí tiene un impacto en la contaminación, como acabamos de ver.

7. El problema de la biodiversidad

Hay otra dimensión a tener en cuenta cuando se habla de impacto ambiental: el impacto sobre la biodiversidad. Mientras que el impacto sobre el clima está bien documentado desde hace varias décadas, gracias en parte al IPCC, sigue siendo difícil llegar al mismo tipo de conclusión sobre la biodiversidad.

Sin embargo, gracias a iniciativas como la Cumbre de la Tierra de 1992, hoy se considera que muchos ecosistemas están gravemente amenazados y que esta amenaza se agrava con el tiempo. Hay cinco causas principales: la sobrepesca y la caza excesiva, la proliferación de especies invasoras, el clima, la contaminación y la alteración del medio natural.

La tecnología digital tiene un impacto negativo en tres de estos elementos. Al extraer minerales, contamina, agrava el cambio climático, que ya está muy avanzado, y al explotar minas, destruye hábitats. La minería siempre ha existido. Al menos, sus vestigios se remontan a la prehistoria. Esta actividad continúa hasta nuestros días, y se ha intensificado en los últimos años. La historia de la minería no es ciertamente la del siglo XIX, o no sólo eso. Que ya no tengamos este tipo de instalaciones en Francia continental no significa que hayan desaparecido. Es un tema muy actual en países como el Congo e incluso la Guayana Francesa.

Si se abre la tapa de un teléfono móvil y se estudia de cerca, se puede ver la diversidad de materiales utilizados en su fabricación. Un ejemplo es el cobalto, que también se utiliza en los vehículos eléctricos. Se extrae principalmente en la República del Congo (60%), pero también en Australia (15%) y Cuba (7%). Se considera no renovable. Esto significa que no puede volver a producirse de forma natural. Se estima que, al ritmo actual, los recursos de la Tierra se agotarán en sesenta años. En realidad, existe la posibilidad de atacar el lecho marino y tal vez, si los glaciares se derriten lo bastante rápido, recurrir a lo que hay debajo. Sin embargo, esto no carece de consecuencias. Amenaza con exacerbar las diversas formas de contaminación y no sería más que un arrebato.

Además del impacto ecológico, esta extracción podría tener repercusiones políticas. La República del Congo, como principal proveedor de este mineral, está bajo presión. El Foro Mundial de Materiales ve un riesgo para la estabilidad de la región.

Así que no todo está perdido. Tesla ha conseguido construir baterías sin cobalto, lo que significa más recursos para nuestros teléfonos. Se están poniendo en marcha iniciativas de reciclaje. No vamos a explorar uno por uno los componentes de nuestros teléfonos, pero conviene recordar que varios de ellos plantean problemas para el medio ambiente: el litio, el plástico, el cobre, etcétera.

8. Sostenibilidad digital

Más allá de esta contaminación, la pregunta legítima de Julie se refiere a la viabilidad de las tecnologías de la información. El cobalto tiene una esperanza de vida de sesenta años, el litio de doscientos y el plástico se basa en combustibles fósiles. Esa es su materia prima. Tampoco hemos mencionado el caso de las tierras raras. Contrariamente a lo que sugiere su nombre, estos metales existen en grandes cantidades en nuestro planeta. Su nombre se debe a que son difíciles de extraer. No fue hasta el Proyecto Manhattan, que vio la aparición de las bombas nucleares, cuando se encontraron soluciones.

Hoy en día, podemos obtener tierras raras fácilmente. Pero esto requiere el uso de componentes químicos contaminantes y un gasto energético considerable. Julie plantea una pregunta pertinente: ¿es lo digital un producto sostenible? Muchos autores de ficción nos hablan de futuros con cada vez más tecnología. Sin embargo, en los últimos años se han alzado nuevas voces. Conscientes de estos problemas y de la crisis ecológica que ya nadie puede negar, proponen otras alternativas poco o nada informáticas.

C. ¿Podría la inteligencia artificial salvar el planeta?

1. Grandes iniciativas con IA

El mensaje del Gobierno es claro: la IA debe contribuir a la transición ecológica. Por ejemplo, nos dicen, la IA "contribuirá al diseño, construcción y explotación de cadenas de transporte optimizadas, resistentes y sostenibles, incluido el desarrollo de infraestructuras comunicadas e inteligentes". También pretenden "ofrecer nuevas gamas de servicios a los usuarios, más cercanos a sus necesidades y compatibles con las expectativas de los ciudadanos en materia de protección del medio ambiente y lucha contra el cambio climático". Aportarán su contribución a los debates y proyectos locales y regionales, utilizando enfoques como los territorios inteligentes o las ciudades inteligentes, para diseñar políticas locales de transporte adaptadas a cada zona".

Sin embargo, acabamos de demostrar que la informática es un campo contaminante. ¿No es esto incompatible? Antes de debatir esta cuestión, veamos las iniciativas que están surgiendo. Entre las aplicaciones positivas figura Prioréno, una herramienta de Enedis que prioriza las renovaciones energéticas. Mellia, desarrollada por OpenStudio, vigila el bienestar de las abejas observando las condiciones de vida en sus colmenas. Ocean Cleanup combate la contaminación marina recuperando hasta cinco toneladas de residuos al mes.

La IA también se está utilizando para popularizar los propios conocimientos que tenemos sobre el medio ambiente y sensibilizar así a la opinión pública. Es el caso, por ejemplo, de ClimateQ&A, un agente conversacional especialmente diseñado para responder a preguntas sobre el clima.

2. Iniciativas contaminantes con IA

Existen iniciativas con un impacto positivo. Por desgracia, la IA también fomenta los malos comportamientos. Un ejemplo es la publicidad. En su informe de 2022, el IPCC establece una correlación entre la publicidad y el cambio climático. El papel de esta organización es hacer hipótesis y proponer escenarios. Uno de ellos estipula que una reducción importante de las emisiones podría lograrse reduciendo la demanda y, por tanto, el consumo. La publicidad influye en este fenómeno, incitando a la gente a comprar cada vez más bienes contaminantes.

Quizá no entienda qué tiene que ver esto con la IA, pero la IA puede fomentar la publicidad al menos de dos maneras. Al personalizar la publicidad, puede llegar más directamente a los usuarios. Hace que todo sea más eficaz y anima a la gente a consumir más. En segundo lugar, a través de los motores de recomendación, la IA influye en la atención del usuario. Cuanto más tiempo capte una aplicación de un usuario, más publicidad podrá ofrecerle. No todos los servicios se ven afectados, pero una gran parte de la Web funciona ahora con este sistema. Por tanto, la IA puede tener un impacto tanto positivo como negativo en cuanto a las funcionalidades que ofrece. Es una herramienta que puede utilizarse en ambos sentidos. En términos de beneficios, es una ventaja para la publicidad y el consumo, pero también un freno para la transición ecológica.

3. IA y ecología: ¿un problema intrínsecamente insoluble?

Intrínsecamente, dada la contaminación que genera la tecnología digital, incluso con buenas intenciones, ¿puede la IA salvar el planeta? Sin duda, es una cuestión de punto de vista y, por supuesto, de medida.

El canal Blast en 2021 entrevistó a dos personas con puntos de vista diametralmente opuestos sobre la cuestión de la videovigilancia inteligente. William Eldin, CEO de XXII, explica que puede servir para ahorrar energía. De hecho, cuando alguien pasa por la calle, es entonces cuando se encienden las luces y no en otro momento. Williame Eldin calcula una reducción del 70% del consumo eléctrico de una ciudad. Lo que dice Benoît Piédallu, desarrollador y miembro de la Quadrature du Net, una organización francesa que defiende los derechos digitales y la libertad en Internet, es que este tipo de tecnología ya existe, pero con medios menos costosos. Bastaría con instalar detectores de infrarrojos en las farolas. En su opinión, estamos utilizando herramientas sofisticadas y caras para resolver problemas que ya están resueltos. Incluso califica este pensamiento de solucionismo tecnológico. Puesto que estamos aquí para cuestionar los límites de la IA en el pacto ecológico, centrémonos en estas dos críticas.

Como desarrollador que trabaja en inteligencia artificial, a menudo vemos titulares sobre las proezas logradas por la IA cuando ya se habían conseguido por otros medios menos intensivos en energía y más sencillos. Por ejemplo, la detección de una dirección de correo electrónico o de contraseñas secretas en código ha sido impulsada recientemente por los vendedores de soluciones de IA. Pero esto no es nada nuevo. Ya sabemos cómo hacerlo desde hace mucho tiempo, y con tecnologías baratas. No nos equivoquemos: la IA amplía la funcionalidad de nuestras aplicaciones cotidianas. Sin ella, el reconocimiento visual o la hiperpersonalización automática son complicados. Pero hay que tener cuidado con los mercaderes de sueños.

Recientemente, la prensa se ha hecho eco de la navegación autónoma de barcos con IA. Es maravilloso poder subirse a un barco y dejarse llevar por las olas. Podríamos agradecérselo a la inteligencia artificial... aunque en realidad es un problema ya resuelto desde hace tiempo. Se llama piloto automático, e incluso los yates de tamaño medio suelen tener esta función. La IA puede mejorar este sistema. Pero hay que desconfiar de sustituir un sistema probado por una máquina de guerra tecnológica.

Frédéric Bordage, desarrollador y figura destacada en el campo de la informática verde, cita un caso interesante en su libro *La sobriété numérique : les clés pour agir*(La sobriedad digital: las claves para actuar). Se había desplegado inteligencia artificial para reconocer cánceres. Era más precisa que un ser humano. Nos encontramos en la noble situación de querer precipitarnos con esta tecnología. Frédéric Bordage nos previene contra esta tentación. Contrasta esta aplicación con otra solución que consigue mejores resultados: perros adiestrados para reconocer el olor de las feromonas causadas por enfermedades. La segunda situación no sólo es más satisfactoria en términos de éxito, sino que también fue menos costosa de poner en marcha. También tuvo menos impacto en el medio ambiente.

No es fácil pensar fuera de la caja tecnológica, sobre todo cuando eres desarrollador y estás acostumbrado a pensar así. Ahí es donde puedes caer en el solucionismo tecnológico, un concepto mencionado por Benoît Piédallu. Esta idea se refiere a la creencia de que las innovaciones tecnológicas nos salvarán del calentamiento global. En concreto, significa allanar el camino a sistemas muy complejos y de alto consumo energético para capturar CO2, recoger plástico o influir en el propio clima.

Los propios investigadores del IPCC desconfían de este enfoque. Sin rechazarlo todo, expresan sus dudas. Julian Allwood, uno de ellos, declaró a FranceInfo: "La tecnología no resolverá el cambio climático porque no puede desplegarse a tiempo a una escala suficiente". Y añadió: "Hace tiempo que me preocupa el tecnooptimismo. Está bloqueando cualquier acción seria para mitigar el calentamiento global". El problema es de tiempo. El tiempo se acaba y la innovación que nos sacaría de este atolladero es difícil de conseguir. El efecto rebote, aunque difícil de evaluar, también es de temer.

La IA parece prometedora sobre el papel. Nos vende las llamadas tecnologías verdes y promete más. Pero vemos que es un discurso que hay que tomar con mucha cautela. Sin volvernos tecnófobos, debemos adoptar un enfoque comedido de estas herramientas. Julie tiene razón al temer el colapso de nuestro sistema. Pasemos a la siguiente sección e intentemos salvar el planeta al mismo tiempo que los ordenadores y la inteligencia artificial.

D. Sobriedad digital

1. Falsas buenas ideas para superar la contaminación digital

Se han presentado muchas propuestas para atajar el problema de la contaminación digital. Una de las más famosas es la supresión de los correos electrónicos. Si bien es cierto que los correos electrónicos se almacenan en servidores y que cuantos menos haya, mejor estará el mundo, el impacto de esta medida es en realidad limitado.

En primer lugar, el hecho de que marques la casilla **Eliminar** no significa que tus datos desaparezcan por completo. Pueden acabar en la papelera de reciclaje, que no debes olvidar vaciar. También pueden ser archivados por la aplicación que estés utilizando, en cuyo caso el mensaje permanecerá en tu ordenador. Habrás invertido mucha energía para muy poco. Incluso si el texto que has recibido ya no existe, el efecto es mínimo. Como hemos visto, con las cifras que lo avalan, se trata sólo de una contaminación menor en un gran océano.

Hay una segunda idea que surge a menudo y no da los resultados esperados: los llamados buscadores ecológicos. La mayoría se basan en Google o Bing. Así que, además de utilizar una aplicación ya existente, añaden una capa de complejidad que consume energía. Eso sí, desactivan la publicidad.

2. Soluciones como consumidores

Como hemos visto, el problema radica principalmente en los terminales que utilizamos. Veamos las posibilidades que tenemos como consumidores de tecnología para influir. Limitar el número de dispositivos es un buen comienzo, lo que significa menos sistemas domóticos, menos televisores, etcétera. También podemos intentar alargar su vida útil para evitar las fases de creación y desecho. En esta línea, reparar y reutilizar puede reducir nuestra huella.

La idea es equiparse a largo plazo. También podemos buscar alternativas a lo nuevo cuando necesitemos un nuevo teléfono u ordenador. En los últimos años hemos asistido a la aparición de objetos conectados. Algunos nos facilitan la vida cotidiana, mientras que otros pueden no ser muy útiles. Limitar su uso puede ser una solución. Estas son las medidas que puede tomar una persona.

3. Soluciones para empresas

Pero los consumidores no son los únicos en la cadena. Las empresas pueden tomar medidas. Dado que los componentes de las herramientas digitales consumen mucha energía, es importante limitar su uso y renovación. Cuantas más páginas web y aplicaciones estén disponibles en todas las plataformas, incluso las más antiguas, menos se verán obligados los usuarios a cambiarlas.

Evitar producir y almacenar demasiados datos no es insignificante. Aunque los servidores representen menos del balance, eso no significa que no podamos aligerar su carga. Menos datos también pueden significar menos IA. Ahí es donde entra en juego una tercera solución: centrarse en la simplicidad. Probablemente no siempre necesitemos las tecnologías más avanzadas para satisfacer nuestras necesidades. No es fácil para alguien que trabaja en el sector digital pensar fuera de la caja. Y, sin embargo, el software menos contaminante suele ser el que no construimos.

4. Soluciones que van más allá de la responsabilidad individual

Más allá de estos esfuerzos, los gobiernos tienen un importante papel que desempeñar. No se trata de pasar la pelota a la gente corriente de este planeta. Sin la ayuda de los políticos, nos vamos a dar contra las paredes. Sobre todo porque muchos de los problemas de los que hablamos proceden de directivas interesadas sobre todo en el beneficio y, por tanto, en el capitalismo.

La IA en la ecuación ecológica no es la solución definitiva. Sin embargo, puede contribuir, pero debe reservarse para casos concretos. Si no lo hacemos, corremos el riesgo de producir herramientas aún más problemáticas.

Julie nos invita a replantearnos nuestro uso de la tecnología digital. Si queremos seguir utilizándola en el futuro y no encontrarnos totalmente privados de ella, quizá la reacción más adecuada sea ser comedidos. Hay un montón de aplicaciones interesantes que podemos seguir utilizando, siempre que no nos lancemos de cabeza al tecnosolucionismo y a la tecnología en exclusiva. Para salvar la tecnología digital, tenemos que utilizarla con moderación. Paradójicamente, ser tecnófilo no significa montar todos los proyectos que se nos ocurran, sino pensar en alternativas de baja tecnología, con poca o ninguna TI.

Todas las ideas y acciones que acabamos de ver tienen en realidad una disciplina en el mundo de la tecnología. Estamos hablando de informática sostenible. Existen normas, etiquetas y organizaciones que trabajan en el tema. Las soluciones propuestas se orientan hacia lo que se conoce como "sobriedad digital". Los miembros del IPCC lo han dicho alto y claro: no podremos salir de esta sin sobriedad y una revisión radical de nuestros estilos de vida.

E. IA, ecología y sustitución de trabajadores a largo plazo

1. La ecología impide que la IA surja sin control a largo plazo

Pudimos superar nuestros temores sobre la IA. Esto nos ha permitido profundizar en las cuestiones que rodean a esta tecnología. Con estos conocimientos, podemos plantearnos de nuevo la cuestión de la sustitución de los trabajadores. Ya habíamos mitigado esta posibilidad. Sin embargo, no la descartamos por completo. Sin darnos cuenta, pensábamos que era un problema a corto plazo.

Si ampliamos la mirada, la cosa toma otro cariz. La financiación de la informática y la inteligencia artificial va en aumento. Mientras Francia invierte dos mil millones de euros en inteligencia artificial, el IPCC sólo dispone de seis millones de dólares para funcionar.

Si seguimos al ritmo actual y aumentamos la temperatura tres grados, la cuestión de si la IA nos reemplazará pasará a un segundo plano. En escenarios en los que todo se hace a través de la domótica, en los que la economía está totalmente automatizada, esto significaría que tendríamos un número colosal de terminales. Necesitaríamos más datos y aún más servidores para almacenarlos y procesarlos. Sería difícil llegar a los dos millones de toneladas en 2050 si utilizamos la tecnología digital para llevar a cabo cada una de nuestras acciones. Parece difícil un futuro en el que la inteligencia artificial desempeñe un papel dominante. Esto no significa que deje de existir. Pero es inconcebible imaginarla extendiéndose por todas partes, tomando el control de nosotros, dirigiendo nuestros negocios y, por tanto, nuestras vidas.

2. El futuro sigue siendo imprevisible

Maticemos estas afirmaciones. No es cierto que no vayamos a encontrar nuevos recursos o sensores de CO2 que resuelvan el problema. Sin embargo, no debemos caer en el tecnosolucionismo. Por supuesto, no podemos predecir el futuro. Tal vez el día de mañana la propia IA tome un giro biológico en lugar de computacional. En ese caso, sería una forma de tecnología completamente diferente.

Pero todo esto es hipotético. Si nos detenemos en lo que sabemos, hay muy pocas posibilidades de que la IA suponga una amenaza para nuestras profesiones a largo plazo. La palabra "amenaza" se utiliza aquí, pero también significa que el dulce sueño de poseer esclavos digitales o tomar el sol mientras la IA se encarga de los trabajos que no queremos hacer es muy poco probable.

F. En pocas palabras

- La informática y la IA desempeñan un papel en el cambio climático y la contaminación digital en general. Esto se debe principalmente a la creación de diferentes terminales.
- Los actores de la inteligencia artificial han lanzado numerosas iniciativas en los últimos años. Sin embargo, los enfoques tecnológicos actuales consumen mucha energía.
- Varias acciones pueden limitar los daños. Se centran en la sobriedad digital.
- Dado que la única palanca que conocemos para frenar el impacto ambiental es la sobriedad, hay pocas posibilidades de que en un futuro lejano la IA tome el relevo.

Podemos tener la tentación de creer que la IA va a salvar el mundo, pero es más complejo de lo que parece. Su propia viabilidad está siendo cuestionada. Los peores o mejores escenarios, según se mire, para sustituir a los trabajadores por máquinas se ven frenados por el medio ambiente. Se necesitaría una cantidad demencial de energía y recursos no renovables para lograr una economía totalmente automatizada.

Para concluir este libro, hemos podido ver qué es la inteligencia artificial tal y como la definimos hoy: una tecnología basada en el aprendizaje automático, presente en numerosas herramientas. Se compone de informática y estadística, pero también de una gran cantidad de datos.

Impulsa el desarrollo de diversas profesiones y genera nuevas oportunidades. Soraya estaba en estado de pánico al principio de esta historia. Ya en una situación precaria, se sentía amenazada por todas partes por la llegada de esta nueva tecnología. Poco a poco, superó sus prejuicios y se adentró con entusiasmo en un mundo desconocido. Al final, prefiere seguir siendo bibliotecaria, una misión que tiene más sentido para ella. A corto plazo, podemos prever una automatización progresiva en diversas áreas laborales, como ha ocurrido desde la Revolución Industrial. Sin embargo, hay que tener en cuenta que a menudo los trabajadores no son sustituidos, sino desplazados por los anotadores.

Una vez que nos hayamos deshecho de nuestros temores iniciales y tengamos una idea más clara de lo que nos espera, podremos percibir los retos de la IA con mayor claridad, lo que nos permitirá replantearnos la cuestión de la IA y el trabajo a largo plazo. Si bien a corto plazo es factible prever que la IA tenga un papel considerable en diversas profesiones, a largo plazo su impacto resulta más incierto.

Nuestra obsesión con el futuro nos lleva a ignorar los problemas actuales de la IA. Esta tiene un gran impacto económico, especialmente en quienes trabajan como anotadores de datos y en la minería, afecta negativamente a grupos como las mujeres y las minorías, influye en nuestras democracias y contamina. Dicho esto, en muchos casos, el problema no es la herramienta en sí, sino el uso que le dan sus propietarios. En una sociedad con objetivos diferentes, los resultados podrían ser radicalmente distintos.

Para profundizar más en el tema, he aquí una breve lista de libros sobre los temas que hemos tratado:

- *Esperando a los robots*, Antonio Casilli
- *Los olvidados de latecnología digital*, Isabelle Collet
- *Demasiado guapa para el Premio Nobel: Mujeres y ciencia*, Nicolas Witkowski
- *La inteligencia artificial no existe*, Luc Julia
- *Sobriedad digital: claves para actuar*, Frédéric Bordage
- *La IA será lo que tú hagas de ella*, Jean-Philippe Desbiolles
- *Cuando la máquina aprende*, Yann Le Cun
- *Cuando la inteligencia artificial despierta*, Jérôme Béranger
- *Atlas de la IA*, Kate Crawford
- *Armas de destrucción matemática*, Cathy O'Neil
- *El humano en el proceso*, Robert Munro
- *Sistemas de recomendación*, Elsa Negre

A

C

D

I

L

Para poder acceder durante un año
a la versión online de este libro,
envíenos su justificante de compra a

librodigital@ediciones-eni.com